Karl Brandler-Pracht

Astrologische Kollektion zum Selbststudium

Band V: Die Stundenastrologie

Verlag
der
Wissenschaften

Karl Brandler-Pracht

Astrologische Kollektion zum Selbststudium

Band V: Die Stundenastrologie

ISBN/EAN: 9783957005540

Auflage: 1

Erscheinungsjahr: 2015

Erscheinungsort: Norderstedt, Deutschland

Hergestellt in Europa, USA, Kanada, Australien, Japan
Verlag der Wissenschaften in Hansebooks GmbH, Norderstedt

Cover: Sandro Botticelli "die Geburt der Venus"

Astrologische Kollektion

zum Selbststudium

Von
Karl Brandler-Pracht

Band V

Die Stunden-Astrologie

III. Auflage

ASTROLOGISCHE KOLLEKTION

ZUM SELBSTSTUDIUM

VON KARL BRANDLER-PRACHT

BAND V

DIE STUNDENASTROLOGIE

3. Auflage

1925

LINSER-VERLAG G. M. B. H., BERLIN-PANKOW

Was ist Stundenastrologie?

Die Stundenastrologie ist so alt, wie die Astrologie selbst. Ihr Ursprung reicht weit in ferne Zeiten zurück, denn schon die Assyrer, Aegypter und Chaldäer zeigen sie als fertige Kunst und waren in dieser astrologischen Praxis sehr bewandert. Die Israeliten hatten sie von den Aegyptern übernommen, da sie aber einen gefährlichen Missbrauch damit trieben, legte Moses ein Verbot ein, das sich besonders auf das „Tagewählen" (Stundenastrologie) und die Aufstellung astrologischer Elektionen (Fragen) bezog. Auch bei den Arabern finden wir die Stundenastrologie in starker Verbreitung. Von verschiedenen Astrologen des Mittelalters erfuhr sie einen grösseren Ausbau, hauptsächlich in Rücksicht auf körperliche Zustände wie z. B. bei Krankheiten und deren Heilung. Neuzeitliche Astrologen haben sie, soweit als tunlich, den modernen Verhältnissen angepasst, da sie ihren praktischen Wert erkannten — allerdings muss in dieser Hinsicht noch viel geforscht, ergänzt und erweitert werden.

Da die Stundenastrologie mit den anderen astrologischen Prinzipien in enger Verknüpfung steht, so bietet auch ihre Technik demjenigen, der die Geburtsastrologie versteht, keine Hindernisse und Schwierigkeiten.

Auch die Stundenastrologie entpuppt sich dem, der sich mit ihrem Wesen und ihrer Technik vertraut gemacht hat, als grosse Wahrheit. Ihre Anwendung vermag viel Nutzen und Segen zu stiften, denn sie gestattet die bewusste Vermeidung ungünstig wirkender und die Verwendung günstig wirkender astraler Einflüsse und ist so imstande — besonders im Verein mit der Kenntnis tattwischer Strahlungen — uns vor Missgeschick und Irrtümer zu bewahren.

Die Stundenastrologie (Hora-Astrologie, sogenannt nach dem lateinischen Wort hora, Stunde) beruht auf der Annahme, dass der menschliche Geist in engster Verbindung steht mit den Gestirnen, deren Bewegungen und Konfigurationen und den, nach astrologischer Lehre auf uns wirkenden Einflüssen bestimmter Orte und Abteilungen des gestirnten Himmels.

Nicht nur von der Geburt, sondern sogar vom Augenblick der Zeugung an, steht der Mensch unter den astralen Wechselbeziehungen. Diesen Einflüssen bleibt er unterworfen, solange er einen stofflichen Körper hat. Aber nicht nur der Mensch, sondern auch die Tier- und Pflanzenwelt und schliesslich überhaupt alles, was stofflich ist, wird durch die astralen Fernwirkungen beeinflusst. Verschiedene einwandfreie Experimente haben ergeben, dass auch der Gedanke eine stoffliche Wesenheit ist, die durch den Geist des Denkenden eine gewisse Belebung erfährt. Wir erzeugen keine Gedanken, aber wir beleben sie, indem wir sie in unser Bewusstsein aufnehmen und uns mit ihnen vereinen.

Ein so durch uns geborenes Gedankenwesen ist auf das innigste mit uns verknüpft und an unser Geschick gebunden, es unterliegt denselben Gestirneinflüssen.

In dem Augenblick, in welchem wir eine Frage denken, gleicht dieser Gedanke, beziehungsweise diese Frage einem neugeborenen Kinde. Wenn wir nun für diesen Zeitpunkt ein Horoskop berechnen und aufstellen, so gibt uns dieses Horoskop die Antwort — es zeigt uns das Geschick des Gedankens und da jeder Gedanke unzertrennlich mit uns verknüpft ist, weil er kein eigenes Leben hat, sondern seine Beseeligung nur durch uns erhielt, so ist sein Geschick auch das unsere; die erhaltene Antwort entspricht dem Gestirneinfluss, welchem wir unterliegen und sie wird daher das, der Frage entsprechende Geschick enthüllen.

Wie mit den Gedanken, so ist es auch mit den von uns zu vollziehenden Handlungen. Auch diese stehen in enger Verbindung mit unserer Wesenheit. Der Augenblick des Vollzugs einer Handlung gleicht ebenfalls der Geburt eines Kindes, welches mit unserem Geschick verknüpft ist. Stellen wir für diesen Zeitpunkt ein Horoskop auf, so entrollt sich uns in demselben die, diese Handlung beeinflussende Gestirnwirkung, welche dem Kundigen alle Folgen dieser Handlung kundgibt.

Auf diesen beiden Grundpfeilern beruht die S t u n d e n astrologie, welche besonders wertvoll ist in ihrer zweiten Basis und von der sie hauptsächlich ihren Namen empfangen hat; man kann die S t u n d e wählen, welche für den Vollzug einer Handlung oder irgend eines Unternehmens die günstigen Gestirnwirkungen zeigt.

Stundenastrologie und die Theorie der Gestirnstunden stehen in einem gewissen Zusammenhang.

Bei Fragen nach der günstigen Zeit für irgend ein Unternehmen, z. B. den Antritt einer Reise, ist es von Vorteil, auch die Wirkung des diese Zeit beherrschenden Gestirnes zu erkennen.

Man verteilte unter die 24 Stunden des Tages und der Nacht die 7 Himmelskörper in der Ordnung, dass die erste Stunde nach Sonnenaufgang der ☉ zugehört, die zweite Stunde der ♀, die dritte dem ☿, die vierte dem ☽, die fünfte dem ♄, die sechste dem ♃, und die siebente dem ♂. Die achte Stunde begann nun wieder mit der ☉, die neunte mit der ♀ u. s. f.

Diese Einteilung ist durchaus nicht willkürlich, sondern entspricht dem Applikationsverhältnis zwischen diesen Himmelskörpern. Der ☽ ist in Applikation zu ☿, denn der ☽ ist bedeutend schneller in seiner Bewegung. Der ☿ ist in Applikation zur ♀, denn seine Bewegung ist schneller als die der ♀. Die ♀ ist in Appliation zur ☉, die ☉ zum ♂, der ♂ zum ♃ und der ♃ zum Saturn. Daher die Reihenfolge, und zwar von rückwärts nach vorn: ♄, ♃, ♂, ☉, ♀, ☿, ☽.

Bei den Völkern des Altertums war der Sonntag der 1. Tag der Woche. Mit der ☉ musste also die Reihe der Gestirnstunden beginnen. Die 24. Stunde in der obigen Reihenfolge trifft auf den ☿. Die 25. Stunde, als der Beginn des nächsten Tages, ist dem ☽ zugeeignet, daher Montag.

Hier haben wir auch den Schlüssel zum Verständnis der Zuteilung der Wochentage unter die Herrschaft eines dieser Himmelskörper. Weil die 25. Stunde nach Sonnenaufgang vom Sonntag, also die erste Stunde vom Montag mit dem ☽ beginnt, ist auch dieser Tag dem ☽ geweiht. In der gleichen Ordnung weitergezählt, trifft die 25. Stunde, also die erste Stunde des Dienstag auf den ♂, der Dienstag ist dem ♂ geweiht. Die darauf folgende 25. Stunde gehört dem ☿, der Mittwoch wurde daher dem ☿ geweiht. Die nächste 25. Stunde als Anfang des Donnerstag trifft auf den ♃, daher ist der ♃ der Regent des Donnerstag; 25 Stunden in der angegebenen Reihenfolge der Himmelskörper weiter gezählt, zeigen die ♀ als Gebieterin der ersten Freitagstunde, daher ist der Freitag der ♀ zugehörig, und weil die erste Sonnabendstunde dem ♄ zugehörig ist, so übt auch der ♄ auf den ganzen Sonnabend seine Hauptwirkung aus.

Wer das Horoskop für den Zeitpunkt eines Unternehmens errichtet, muss beachten, ob der Herr des Aszendenten in einem harmonischen Verhältnis mit dem Herrn der betreffenden Gestirnstunde steht.

In gewissen Fällen wird zur Beurteilung eines Stundenhoroskops auch das Geburtshoroskop herangezogen. Diese Fälle ergeben sich, wenn der Herr des 1. Hauses des Stundenhoroskops in derselben Triplizität steht, wie der Herr der betreffenden Stunde. Wenn z. B. der Aszendent des Stundenhoroskops in einem wässrigen Zeichen steht (♋, ♏ oder ♓) und der Herr der betreffenden Stunde, für welche das Horoskop aufgestellt ist, war der ♂ oder der ♃ (da diese beiden Himmelskörper die Triplizitäten des ♋ regieren, und zwar der ♂ den ♏, und der ♃ die ♓), so ist es gut, zur exakten Beurteilung der betreffenden Frage auch das Geburtshoroskop heranzuziehen.

Es lässt sich manches für, aber nur wenig gegen den Gebrauch der Stundenastrologie anführen. Der grösste Einwand, den die Gegner dieses astrologischen Zweiges aufstellen, ist wohl die missbräuchliche Anwendung desselben, zu welcher sich stark egoistische Menschen wohl allzuleicht verleiten lassen. Gewiss kann dieser Missbrauch in eine Wahrsagerei schlimmster Sorte ausarten. Die Stundenastrologie soll auch nur in ernsten Fällen, wenn man sich vor folgeschweren Entschliessungen befindet, von schweren Zweifeln über irgend eine ernste Schicksalsfrage geplagt ist oder über das Geschick einer geliebten Person im Ungewissen ist, angewendet werden. Es wäre töricht und würde eine noch sehr niedrige Entwicklungsstufe anzeigen, wollte man bei jeder Kleinigkeit die Stundenastrologie zu Hilfe nehmen. Wo bliebe da die Freiheit des Handelns, die Ausbildung der Urteilskraft, die Entwicklung einer moralischen Selbständigkeit? Ein solcher Mensch würde seinen Fortschritt in jeder Beziehung hemmen, er gleicht jenen kritiklosen und eines jeden selbständigen Urteils baren Okkultisten, die alle ihre Handlungen, selbst die unbedeutendsten, nur nach den Aussagen ihres klopfenden Tischchens vornehmen. Sie geraten dadurch in ein schmähliches Abhängigkeitsverhältnis und werden wieder wie die Kinder, die man ohne Begleitung Erwachsener auf verkehrsreichen Strassen nicht gehen lassen kann.

Etwas anderes aber ist es, wenn der Mensch in ernsten Fällen, wo es sich um sein Wohl und Wehe handelt, es versucht, seinen Blick in das hinter dem Vorhang Verborgene zu werfen. Warum soll der Wanderer, der die vielen Krümmungen seiner Strasse nicht zu übersehen vermag, nicht auf den Berg an seiner Seite steigen, um sich zu orientieren?

Die Stundenastrologie hat sehr viel gute und nützliche Seiten; sie kann uns vor manchen verhängnisvollen

Fehlschritten, vor manchen bitteren Enttäuschungen bewahren, die nicht immer notwendig, sondern nur eine Folge unserer Kurzsichtigkeit sind. Sie kann uns viel Leid und Kummer ersparen und damit auch viele, unsere ethische Entwicklung hemmende Disharmonien. Sie ist in den schweren Fällen des Lebens der Wegweiser am Kreuzweg, der Kompass bei Sturm und Wetter, beim nächtlichen, wolkenbedeckten Himmel.

2. Die Aufstellung des Stundenhoroskops.

Ein Stunden-Horoskop wird aufgebaut auf die genaue Zeit einer gestellten Frage oder auf die genaue Zeit einer zu vollführenden Handlung.

Wenn man z. B. Auskunft haben will über das Schicksal einer in Verlust geratenen Person, so stellt man das Horoskop für den Augenblick, in welchem diese Frage auftaucht oder für den Augenblick, in welchem an den Horoskopsteller diese Frage gerichtet wird. Stellt man sich selbst das Horoskop, so notiere man sofort die Zeit, zu welcher diese Frage sich im Bewusstsein klar und deutlich formuliert hat. Lässt man sich die Frage von einem Astrologen beantworten, so gilt als Zeitpunkt der Augenblick, in welchem man die Frage an ihn richtet. Schreibt man einem Astrologen dieses Anliegen, so hat er die Zeit zu wählen, zu welcher ihm das Anliegen zum ersten Male vor Augen gebracht wird. Es wird in allen drei Fällen die geographische Position jenes Ortes verwendet, an welchem die Frage gestellt bezw. empfangen wird.

Hat man aber irgend eine Handlung auszuführen, z. B. den Antritt einer Reise, den Beginn eines neuen Unternehmens usw., so stellt man das Horoskop für den Augenblick und den Ort auf, an welchem man die Absicht hat, diese Handlung auszuführen, um den glücklichen oder unglücklichen Ausgang zu erfahren.

Wer z. B. an einem bestimmten Tag eine Reise antreten will, stellt für die Abgangszeit aller Züge, die an diesem Tag in der Richtung der beabsichtigten Fahrt verkehren, je ein Horoskop auf. Er wird dann jene Abfahrtszeit wählen, für welche das Horoskop am günstigsten

steht. Dadurch kann man sich vor Misserfolgen und Un-
gemach schützen.

Wenn man ein Geschäft beginnt, oder eine neue
wichtige Arbeit, so stellt man für verschiedene Zeitpunkte
des betreffenden Tages Horoskope auf und wählt das
günstigste aus. Die Zeit, für welche dasselbe errichtet
ist, soll dann auch für den Beginn des Unternehmens
verwendet werden.

Die Vollendung eines Hauses, Schiffes, einer Ma-
schine usw., resp. die Uebergabe an ihre Bestimmung
gleicht auch sozusagen der Geburt dieser Dinge. Auch
hier wählt man jene Zeit, die das glücklichste Horoskop
zeigt. Wenn z. B. ein Schiff fertiggestellt worden ist, so
wird der Stapellauf als seine Geburt angesehen. Wählt
man hierzu eine günstige Zeit, so wird das Schiff gute
Dienste leisten und seinem Eigentümer Nutzen und Freude
bringen.

Auch der Antritt einer neuen Stellung, Verlobung
oder Eheschluss, der Einzug in eine neue Wohnung und
viele andere Verhältnisse des menschlichen Lebens lassen
sich auf diese Weise wenigstens einigermassen günstig
regulieren.

Die Aufstellung des Horoskops wird in der gleichen
Art bewerkstelligt, wie es schon in Band I dieser Kollektion bei der Geburtsastrologie gezeigt wurde.

Man nimmt die Sternzeit (aus den Ephemeriden des
betreffenden Jahres) von dem Mittag, der der Fragezeit
unmittelbar vorangegangen ist, korrigiert sie durch die
Differenz, welche für den Betrag der östlichen oder westlichen Länge des betreffenden Ortes zwischen Sonnenzeit
und Sternzeit besteht, zählt hinzu die Zeit, die von diesem
Mittag bis zur Fragestellung vergangen ist, indem man
vorher diese Zeit auf Sternzeit korrigierte, und hat in
diesem Ergebnis den für den Augenblick der Fragestellung
kulminierenden Punkt des Aequators, bezogen auf den
Horizont des Ortes der Fragestellung.

Für diesen kulminierenden Punkt, ausgedrückt in
Stunden, Minuten und Sekunden, sucht man ebenfalls in
Band I dieser Kollektion (Häusertabellen) unter der Polhöhe
(geographische Breite) des betreffenden Ortes die verschiedenen Häuserspitzen des 10., 11., 12., 1., 2. und 3. Hauses
auf. Die Häuserspitzen des 4., 5., 6., 7., 8. und 9. Hauses
haben die gleichen Grade und Minuten, aber die entgegengesetzten Zeichen der ihnen gegenüberliegenden Häuser.

Hier ist zu bemerken, dass nur in dem Falle die
Häuserspitzen auf die in Band I gelehrte, sphärisch-
trigonometrische Weise zu berechnen sind, wenn ein

Himmelskörper hart an die Spitze eines Hauses zu stehen kommt, so dass es unklar ist, ob er noch in das eine oder schon in das andere Haus gehört. Meist aber wird man mit den Tabellenresultaten auskommen, da es bei dieser astrologischen Praktik nicht so sehr auf absolute minutenhafte Genauigkeit ankommt.

Hierauf werden die geozentrischen Orte der Himmelskörper, bezogen auf den Ort und die Zeit der Fragestellung oder der projektierten Unternehmung, berechnet. Da man Greenwichephemeriden benützt, so muss man die östliche Länge des Ortes der Fragestellung von dem Zeitmoment der Frage in Abzug bringen und bei westlicher Länge des Ortes diese Länge dem Zeitmoment hinzuzählen.

Das Resultat zeigt diejenige Zeit, für welche die Orte des Himmelskörpers bestimmt werden sollen. Es entsprechen diese Orte dann den Orten der Himmelskörper, bezogen auf den Horizont des Ortes der Fragestellung.

Es ist dieser Vorgang eingehend in Band I dieser Kollektion erklärt worden, weshalb sich eine nähere Auseinandersetzung hier erübrigt. Bevor der Leser dieses Buch studiert, ist es unerlässlich, dass er vorher Band I gründlich durcharbeitet.

Auch der Zeitmoment der Fragestellung bedarf einer Umwandlung. Seit 1893 wird in Deutschland, Oesterreich-Ungarn, Schweiz, Dänemark, Schweden und Norwegen, Italien, Serbien und der westlichen Türkei nach M. E. Z. (mitteleuropäische Zeit) gerechnet. Der Zeitmoment einer Fragestellung ist also M. E. Z. Ein Horoskop muss aber auf Ortszeit aufgebaut werden. Daher muss auch der Zeitmoment der Fragestellung auf Ortszeit umgerechnet werden. Band I zeigt uns auch diesen Vorgang.

Wir nehmen folgendes Beispiel. Es stellt eine Person um 9 Uhr 20 Min. morgens am 23. Dezember 1914 in Berlin eine Frage. Die Natur derselben ist uns vorläufig noch nebensächlich, da es sich jetzt für uns nur um die Aufstellung des Horoskops handelt.

Berlin hat eine geographische Position von 52° 30′ nördlicher Breite und 0 h 53 m 35 sek östlicher Länge von Greenwich.

Die Zeit 9 Uhr 30 Min. morgens ist M. E. Z. Laut den Ausführungen in Band I müssen wir, da das Jahr 1914 nach 1893 fällt, diese M. E. Z. in Ortszeit umwandeln.

Oestliche Länge Normalmeridian Görlitz = 1 h   0 m   0 sek
— östliche Länge von Berlin = 0 h 53 m 35 sek

Unterschied = 0 h   6 m 25 sek

Die Tafel zur Umrechnung der Ortszeit in M. E. Z. (Band I) zeigt denselben Unterschied.

Die östliche Länge von Berlin ist kleiner als die des Normalmeridians Görlitz, daher

Zeit der Fragestellung (M. E. Z.) = 9 Uhr 20 Min.
— Unterschied =   6 Min.

Zeit der Fragestellung (Ortszeit) = 9 Uhr 14 Min.

In der Tafel zur Umrechnung von Ortszeit in M. E. Z. ist der Unterschied für Berlin mit + bezeichnet. Man darf sich dadurch nicht beirren lassen. Wir haben in diesem Falle M. E. Z. in Ortszeit umzuwandeln, daher wird statt + das Vorzeichen — genommen, d. h. der Unterschied wird abgezogen.

Das Horoskop wird also auf 9 Uhr 14 Min. morgens den 23. Dezember 1914 für Berlin errichtet. Der astrologische Ausdruck ist 22. Dezember 1914 + 21 Stunden 14 Min.

Sternzeit 22. 12. 1914 (Greenwich) = 18 h   0 m 48 sek
— Korrektur östlicher Länge 54 m
(Tabelle 3, Seite 13, Band I) = 0 h   0 m   9 sek

Sternzeit 19. 12. 1914 (Berlin) = 18 h   0 m 39 sek
+ Zeit der Fragestellung = 21 h 14 m   0 sek
+ Korrektur für 21 h = 0 h   3 m 26,98 sek
+ Korrektur für 14 m = 0 h   0 m   2,29 sek

39 h 18 m   8 sek
— 1 Kreis = 24 h   —   —

Kulminierender Punkt des Aequators = 15 h 18 m   8 sek

Wir bestimmen die ekliptikalen Häuseranfänge durch Band I dieser Kollektion: Häusertabellen. Unter der Polhöhe (geographische Breite) von Berlin 52° 30′ suchen wir den kulminierenden Punkt in der Rubrik „Sternzeit". 52° 30′ steht inmitten 52° und 53°. Wir finden bei 15 h 18 m 19 sek Sternzeit (als unserem kulminierenden Punkt nächststehende) unter

52° Polhöhe (Seite 114 Band I)
für das 10. Haus 22° ♏, 11. Haus 11° ♐, 12. Haus 27° ♐, 1. Haus 16° 15′ ♑, 2. Haus 12° ♓, 3. Haus 28° ♈.

und unter 53° Polhöhe (Seite 122 Band I)
für das 10. Haus 22° ♏, 11. Haus 10° ♐, 12. Haus 26° ♐,
1. Haus 14° 43′ ♑, 2. Haus 12° ♓, 3. Haus 26° ♈.

Wenn man nun für jedes Haus den Mittelwert nimmt, so hat man ziemlich annähernd die Häuserspitzen für die Breite von Berlin.

	10. Haus	11. Haus	12. Haus	1. Haus	2. Haus	3. Haus
52° =	22° ♏	11° ♐	27° ♐	16° 15′ ♑	12° ♓	26° ♈
53° =	22° ♏	10° ♐	26° ♐	14° 43′ ♑	12° ♓	26° ♈
52° 30′ =	22° ♏	10° 30′ ♐	26° 30′ ♐	15° 29′ ♑	12° ♓	26° ♈

Da das 4. Haus dem 10., das 5. dem 11., das 6. dem 12., das 7. dem 1., das 8. dem 2. und das 9. Haus dem 3. Hause gegenübersteht, so haben wir für das

4. Haus	5. Haus	6. Haus	7. Haus	8. Haus	9. Haus
22° ♉	10° 30′ ♊	26° 30′ ♊	15° 29′ ♋	12° ♍	26° ♎

Nun sind die geozentrischen Planetenorte zu bestimmen. Wir halten uns an die Ausführungen von Band I, Seite 133, Bestimmung der Orte der Himmelskörper. Da wir Greenwich-Ephemeriden benützen, so muss die Zeit der Fragestellung Greenwich angepasst werden. Die Länge von Berlin ist östlich, daher:

Zeit der Fragestellung — östliche Länge des Ortes.

Zeit der Fragestellung = 9 h 14 m
— östliche Länge von Berlin = 0 h 53 m 35 sek

Die Gestirnorte sind zu suchen für 8 h 20 m 25 sek morgens, d. i. für 22. 12. 1914 + 20 h 20 m

☉ am 23. 12. mittags = 0° 50′ ♑
— ☉ am 22. 12. mittags = 29° 49′ ♐

Bewegung in 24 h = 1° 1′

Diurnal-Log. (Band I) für 1° 1′ = 1,3730
+ Diurnal-Log. (Band I) für 20 h 20 m = 0.0720

= 1,4450 = 0° 52

Die ☉ bewegt sich also in 20 h 20 m um 0° 52′ in der Ekliptik scheinbar vorwärts, daher:

☉ am 22. 12. = 29° 49′ ♐
+ 0° 52′

Stand der ☉ zur Fragestellung = 0° 41′ ♑

Die anderen Himmelskörper, auf die gleiche Art berechnet, ergeben folgende Orte:

$$\Psi\ 29°\ 48'\ \mathfrak{S}\ R, \qquad \delta\ 9°\ 25'\ \text{≈},$$
$$\varphi\ 27°\ 30'\ \mathfrak{m}, \qquad \yen\ 23°\ 8'\ \nearrow,$$
$$\hbar\ 28°\ 42'\ \text{Ⅱ}, \qquad \yen\ 20°\ 28'\ \text{≈}, \qquad \delta\ 0°\ 52'\ \text{♑},$$
$$\mathrm{D}\ 19°\ 25'\ \text{X}, \qquad \Omega\ 29°\ 32'\ \text{≈}, \qquad \Omega\ 29°\ 32'\ \text{♌}.$$

Das Stundenhoroskop für diese Fragestellung sieht nun folgendermassen aus:

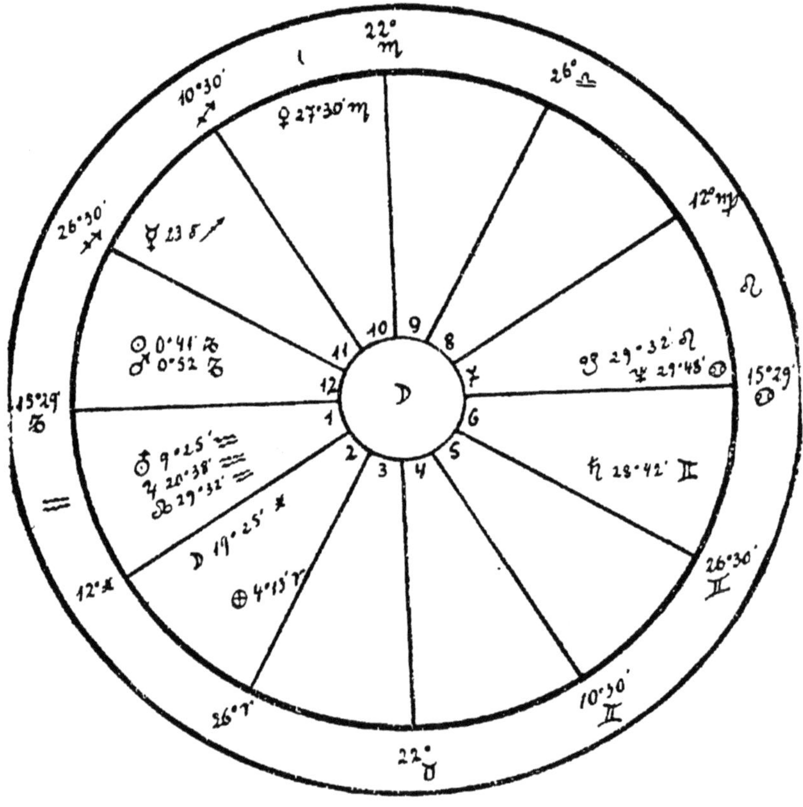

Figur 1

Es ist noch nötig, für den Zeitmoment der Fragestellung den regierenden Himmelskörper resp. die Gestirnstunde zu bestimmen.

Die ☉ geht am 23. Dezember 1914 (laut der Tabellen der Sonnenaufgänge und Sonnenuntergänge, siehe „Tattwische und astrale Einflüsse" von Karl Brandler-Pracht, Linser-Verlag) um 8 Uhr 12 Minuten in Berlin auf und um 3 Uhr 46 Min. unter. Das aber ist Berliner Ortszeit. Wir können zwei Wege einschlagen. Die Dauer vom ☉ Aufgang bis ☉ Untergang (Ortszeit) ist 7 Stunden 34 Min. Diese Zeit geteilt durch 12 gibt 38 Min. als Dauer für eine Gestirnstunde.

1. Gestirnstunde (☿) ☉ Aufgang = 8 Uhr 12 Min.
+ 0 Uhr 38 Min.
Beginn der 2. Gestirnstunde (☽) = 8 Uhr 50 Min.
+ 0 Uhr 38 Min.
9 Uhr 28 Min.

Der 23. Dezember 1914 war ein Mittwoch. Wenn wir in der Tabelle für die Tagesstirnstunde (siehe Kapitel „Die Gestirnstunden") nachsehen, finden wir am Mittwoch die 2. Gestirnstunde vom ☽ regiert. Der Beginn der 2. Gestirnstunde Ortszeit Berlin ist 8 Uhr 50 Min., und nach M. E. Z. 8 Uhr 50 Min. + 6 Min. Unterschied = 8 Uhr 56 Min. Die Fragestellung fällt in 9 Uhr 20 Min., also in die Zeit der 2. Gestirnstunde.

Oder: ☉ Aufgang Ortszeit 8 Uhr 12 Min. ist M. E. Z. gleich 8 Uhr 16 Min. ☉ Untergang Ortszeit 3 Uhr 46 Min. ist M. E. Z. gleich 3 Uhr 52 Min. Die Dauer zwischen ☉ Aufgang und ☉ Untergang ist nach M. E. Z. gleichfalls $7^h\ 34^m$, welche, durch 12 geteilt, abermals 38 Minuten für eine Gestirnstunde ergeben.

1. Gestirnstunde ☉ Aufgang M. E. Z. = 8 Uhr 18 Min.
+ 38 Min.
2. Gestirnstunde, Beginn 8 Uhr 56 Min.
+ 38 Min.
3. Gestirnstunde, Beginn 9 Uhr 34 Min.

M. E. Z. 9 Uhr 20 Min. liegt zwischen 8 Uhr 56 Min. und 9 Uhr 34 Min. (M. E. Z.), gehört also zur 2. Gestirnstunde, die vom ☽ regiert wird.

Unter Berücksichtigung dieses Stundenregenten wäre nun dieses Horoskop, der Natur der Frage entsprechend, auszulegen.

Bei der Prognose der Stundenhoroskope behalten die Himmelskörper die Bedeutung, welche sie in der Geburtsastrologie haben, bei. Der Abschnitt: Sonne, Mond und die Planeten in Band I klärt darüber genügend auf.

Auch die in diesem Bande gezeigte Theorie der Würden und Schädigungen findet Anwendung. Besonders ist zu achten auf die Herren der einzelnen Häuser, worunter stets der Herr jenes Zeichens verstanden ist, mit welchem das betreffende Haus beginnt.

Von den Aspekten werden meist nur die schweren berücksichtigt, wie ☌, ✶, ☐, △ und ☍; teilweise finden auch bedeutungsvolle Parallele Anwendung, weshalb es angezeigt ist, auch die Deklinationen zu berechnen.

Die Häuser des Stundenhoroskops haben teilweise eine andere oder erweiterte Bedeutung, als wir sie in der Geburtsastrologie kennen gelernt haben. Das folgende Kapitel beschäftigt sich damit.

3. Die Bedeutung der Häuser.

Die 12 Häuser des Stundenhoroskops haben folgende Bedeutungen.

1. Haus, Aszendent.

Dieses Haus repräsentiert in allen Fällen den Fragesteller, also jene Person, welche die Frage an die Zukunft richtet, sei es nun, dass sie selbst sich das Horoskop berechnet oder von anderen Personen anfertigen lässt — stets wird der Frager durch das 1. Haus vertreten.

Das Zeichen des 1. Hauses, dessen Herr sowie die sich im 1. Hause befindlichen Himmelskörper bestimmen die Persönlichkeit des Fragers — sie sind seine Signifikatoren. Jener Himmelskörper, welcher die Spitze des 1. Hauses regiert, ist der Generalsignifikator.

Der ☽ wird vielfach als Cosignifikator in allen Angelegenheiten genommen; nur dort, wo es sich um Liebessachen handelt, ist der ☽ der Cosignifikator für den männlichen und die ☉ für den weiblichen Frager. — In zweiter Linie sollen aber auch ♄ und ♂ berücksichtigt werden.

In allen jenen Fällen aber, wo es sich um das Geschick eines neu erzeugten Gegenstandes handelt, z. B. um ein Haus, ein Schiff, eine Kirche usw., wenn man also für den Augenblick der Uebergabe an ihre Bestimmung (was ihrer Geburt gleichzurechnen ist) ein Horoskop errichten will, wird das 1. Haus als dieses Objekt selbst betrachtet und durch dieses Haus, dessen Herrn und die im 1. Hause anwesenden Himmelskörper, wird dieses Objekt bestimmt. Es ist also zu beachten, dass in solchen Fällen nicht der Besitzer oder der Frager durch das

1. Haus vertreten werden, sondern nur das betreffende Objekt.

Wo es sich aber nur um eine Frage handelt, der Frager also durch das 1. Haus vertreten wird, hat man als teilweise Kontrolle die Stellung und Bedeutung der Signifikatoren des Fragers zu beachten, welche so ziemlich in Uebereinstimmung mit der Persönlichkeit und der Erscheinung des Fragers stehen sollen. Im nächsten Abschnitt wird über diesen Punkt genaue Anleitung gegeben.

2. Haus.

Dieses Haus betrifft alle Eigentumsangelegenheiten, wie Geld, Besitz, bewegliches Vermögen, Erwerb, Verdienst usw. Es wird bestimmt durch das Zeichen seiner Spitze und dessen Herrn, teilweise aber auch durch ♃ und ♀. In allen Prozess-Sachen bedeutet es des Klägers Freunde, seine Zeugen und Beistände; im Kriegsfall stellt es den Verteidiger dar und die zu erwartende Hilfe.

3. Haus.

Das Haus der Geschwister und nahen Verwandten, Nachbaren, der kleineren Reisen, Briefe, Dokumente, Verträge, Ortswechsel, Eisenbahnen, Gerüchte, Botschaften usw. Es erhält seine Aussagen durch das Zeichen seiner Spitze und dessen Herrn und in zweiter Linie durch ☉ und ☽.

4. Haus.

Das 4. Haus stellt den Vater des Fragestelles, das Haus, Heim, Land, Heimat, Minen, Bergwerke, Landbesitz, Erbschaften, verborgene Gegenstände, Dienstbotenangelegenheiten, das Lebensende und den schliesslichen Ausgang der gestellten Frage oder des projektierten Unternehmens dar. Die Aussagen dieses Hauses bestimmen sich durch das Zeichen seiner Spitze, dessen Herrn und in letzter Beziehung auch durch ☉ und ♄.

5. Haus.

Das Haus der Vergnügungen, der Kinder, Schulen, Lehrpersonen, Abenteuer, Spiele, Wetten, Spekulationen, Kleider und Schmuck, Theater, Bälle, Konzerte u. ä. Es wird bestimmt, durch das Zeichen seiner Spitze, den Herrn dieses Zeichens und schiesslich auch durch ♀ und ☉.

6. H a u s.

Dieses Haus bedeutet Krankheiten, den Schwiegervater, Diener und Untergebene, Arbeit und Industrie,
kleinere Tiere, magische Phänomene. Es wird bestimmt
durch das Zeichen seiner Spitze, dessen Herrn und auch
durch ☿.

7. H a u s.

Das 7. Haus ist das Haus der Liebessachen, Ver-
lobungen, Heiraten; es bedeutet die Frau oder den Ehe-
mann, auch Geschäftsverbindungen, den Kompagnon, eine
neue Stellung, Prozess - Sachen. Seine Stärke oder
Schwäche wird angezeigt durch das Zeichen seiner Spitze,
den Herrn dieses Zeichens und schliesslich durch ♀ und ☽.

8. H a u s.

Das Haus des Todes, der Testamente, Legate, der
Mitgift oder Ausstattung der Frau oder der Besitz des
Mannes, auch Geld und Besitz des Geschäftspartners.
Das Zeichen der Spitze dieses Hauses und der Herr
dieses Zeichens wirken bestimmend, in zweiter Linie auch
♄ und ♂.

9. H a u s.

Das 9. Haus bedeutet lange Reisen, Reisende überhaupt, Religion, Wissenschaft, Kunst, Literatur, die Aus-
gabe von Büchern, Verlagsgeschäfte, fremde Angelegenheiten, Rechtssachen, geistliche Interessen, geschäftliche
Aktionen und Spekulationen. Es wird bestimmt durch
das Zeichen seiner Spitze, dessen Herrn und durch ♃.

10. H a u s.

Dieses Haus repräsentiert Monarchen, Präsidenten,
Minister, Obrigkeiten; es bedeutet Ehren, Herrschaft,
Macht, Rang, offizielle und soziale Stellungen und hauptsächlich den Beruf und Geschäftsangelegenheiten, sowie
die Mutter. Sein Einfluss zeigt sich durch das Zeichen
seines Anfanges, dessen Herrn und schliesslich auch
durch ♄ und ♂.

11. H a u s.

Das 11. Haus ist das Haus der Freunde. Es bedeutet für den Frager in erster Linie seine Freunde, Gönner
und Förderer, dann seine Hoffnungen und Wünsche und
seine Bekanntschaften. Für Monarchen und Regierungs-

personen stellt es die Freunde und Verbündeten dar.
Ferner bedeutet es auch alle Vereinigungen und Beratungen regierender Personen, behördlicher Körperschaften und öffentlicher Gesellschaften. Sein Einfluss ist durch das Zeichen seiner Spitze, den Herrn dieses Zeichens und schliesslich auch noch durch ⊙ und ♄ zu ersehen.

12. Haus.

Das Haus der Feinde. Es bedeutet Beraubung der Freiheit, Gefangennahme, Gefängnis oder Gefangene überhaupt, Ueberfall, Unglück, Unfälle, Krankenhäuser, Waisenhäuser, Klöster, Irrenanstalten, grosse Tiere, Geheimnisse, Lügen, Intriguen, Diebstahl, Betrug und die Schwiegermutter. Es wird bestimmt durch das Zeichen an der Spitze dieses Hauses, ferner durch den Herrn dieses Zeichens und schliesslich durch ♀ und ♃.

Nach den vorstehenden Ausführungen ist es nicht schwer zu beurteilen, zu welchem Hause irgend eine Frage gehört. Hat z. B. eine Person eine Frage über Berufsangelegenheiten gestellt, so wird für diese Frage in erster Linie das 10. Haus zur Beurteilung herangezogen; eine Frage über eine Liebesangelegenheit gehört dem 7. Hause und eine Frage über einen Krankheitsfall dem 6. Hause usw.

Es ist aber für die Prognose auch nötig, zu wissen, zu welchem Himmelskörper die verschiedenen menschlichen Lebensverhältnisse gehören. Auch darüber gibt uns Band I in dem Abschnitt: Sonne, Mond und die Planeten Aufschluss. Zur Ergänzung seien die, den verschiedenen Himmelskörpern zugehörigen Berufsarten angeführt.

Der ⊙ gehören zu.

Monarchen, fürstliche Personen, Adel, Würdenträger, sowohl bei Hof, als auch bei der Regierung, Armee oder Städteverwaltung. Ferner Goldschmiede, Juweliere, Kupferschmiede, Zinngiesser, Münzenpräger.

Dem ☽ gehören zu:

Königinnen, adelige, weibliche Personen, Frauen überhaupt, besonders ältere Frauen. Ferner Fuhrleute, Seeleute, Reisende, Fischer, Brauer, Seiler, Höcker, Hausierer, Winzer, Wirtsleute.

Dem ☿ gehören zu:

Astronomen, Astrologen, Philosophen, Aerzte, Poeten, Wissenschaftler, Schriftsteller, Redakteure, Journalisten, Rechnungsführer, Lehrer, Handelsangestellte, kleinere Beamte, Anwälte, Postbeamte, Pädagogen, Apotheker, Mechaniker, Geldverleiher.

Der ♀ gehören zu:

Musiker, Sänger, Schauspieler, Artisten, Maler, Schneider, Parfumeure, Graveure, Kupferstecher, Holz- und Steinschneider, Spieler, Leinenhändler, alle Berufe die in Ornamenten und Verzierungen arbeiten, Dekorateure, Schmuck- und Spielsachenerzeuger und Händler.

Dem ♂ gehören zu:

Wundärzte, Chirurgen, Chemiker, Drogisten, Soldaten, Feuerarbeiter, Friseure, Schmiede, Eisenarbeiter, Schlächter, Messerschmiede und alle Personen, die mit scharfen, spitzigen Werkzeugen arbeiten, auch Maschinisten, Eisenhändler und Waffenhändler.

Dem ♃ gehören zu:

Die hohe und niedere Geistlichkeit, Richter, Anwälte, Studenten, Theologen, Wollwarenhändler, Gemischtwaren- händler, Verkäufer, Tuchmacher, Kleiderhändler, Gelehrte, Musiker, öffentliche Beamte.

Dem ♄ gehören zu:

Popen, Mönche, Asketen, Einsiedler, Landleute, Berg- leute, Ziegler, Krämer, Lichtzieher, Färber, Küster, Toten- gräber, Beerdigungsleute, Erdarbeiter, Schäfer, Schuh- macher.

Dem ♅ gehören zu:

Astronomen, Philosophen, Aerzte, Okkultisten, Astro- logen, Magnetopathen und alle Personen, welche in Chemie, Elektrizität, Mechanik, Physik usw. experimen- tieren. Ferner Altertumsforscher, Antiquitätenhändler, Eisenbahnangestellte.

Dem ♆ gehören zu:

Alle genialen Betätigungen in Kunst und Wissenschaft.

Diese Berufsarten sind aber nur bei halbwegs günstiger Stellung der Himmelskörper anzunehmen. Wenn die Stellung des betreffenden Berufssignifikators sehr schlecht ist, sich also an sehr ungünstigen Orten, in sehr schlechten Aspekten mit bösen Himmelskörpern befindet, so beeinflussen sie folgender Art:

☉, Einflussreiche, aber hartherzige Menschen, die ungerecht urteilen und handeln, stolz und hochfahrend sind. Wahnsinnige.

☽, falsche, lügnerische Menschen, Diebe, Betrüger.

☿, Taschenspieler, Possenreisser, Diebe, Schwindler.

♀, Dirnen, Kuppler, unsolide Erwerbsarten.

♂, Räuber, Mörder, Brandstifter, Uebeltäter aller Art.

♃, Heuchler, Hochstapler, Charlatane.

♄, Diebe, Betrüger, Räuber, niedrige, geizige Menschen.

☊, Betrügerische Medien, Sonderlinge, lichtscheue Existenzen.

---

4. Die Signifikatoren.

Unter „Signifikator" verstehen wir jenen Himmelskörper in der „Stundenastrologie, welcher bedeutsam ist für die fragende Person, oder auch für jene Person, jenes Ding oder jene Angelegenheit, über welche die Frage gestellt wird.

Der Himmelskörper, welcher das Zeichen beherrscht, das an der Spitze des zu befragenden Hauses steht, gilt als Generalsignifikator. In zweiter Linie müssen natürlich auch die sich in dem betreffenden Hause befindlichen Himmelskörper als ergänzende Signifikatoren berücksichtigt werden.

Für den Frager wird das Zeichen des Aszendenten gewählt und gilt dessen Herr als der Signifikator für den Fragesteller. Für das Objekt (Person, Angelegenheit, Ding oder Ereignis), also für die zu befragende Sache, gilt der Herr des Zeichens der Spitze jenes Hauses, welchem die Natur der Frage entspricht, als Hauptsignifikator.

Als gute, günstig wirkende Signifikatoren werden ♃ und ♀ angesehen.

Die beiden Himmelslichter ☉ und ☽ sind bezüglich ihrer Wirkung viel abhängig von den Zeichen, in welchen sie sich befinden und von den Aspekten, die sie erhalten.

♅, ♄ und ♂ sind meist von ungünstigem, feindlichen Einfluss, ausser sie würden an einem guten Orte stehen und gute Aspekte günstiger Himmelskörper erhalten.

☿ und ♆ sind völlig indifferent und ganz von ihrer Umgebung abhängig.

Wenn Horoskope aufgestellt werden über bestimmte Fragen, so kann man aus der Natur der Generalsignifikatoren sich sowohl über den Frager (Aszendent resp. Herr desselben, Planet in diesem Hause usw.) als auch über die Frage selbst, wenn dieselbe eine Person angeht (Herr des Zeichens des betreffenden Hauses, wie auch die Planeten in demselben) orientieren. Man kann durch Beachtung der nachfolgenden Regeln aus der Natur des betreffenden Signifikators auch auf die äussere Erscheinung, sowie auf die moralischen und intellektuellen Qualitäten des Fragers als auch der zu befragenden Person schliessen.

Dieselben werden günstig sein, wenn der betreffende Signifikator ein guter Planet ist und in guter Anlage steht; die Dispositionen jener Personen aber werden ungünstig sein, wenn der Signifikator ein feindlicher Planet ist und sich an schlechten Orten oder in schlechten Aspekten befindet.

♅ und ♆ sind hier weniger von Einfluss, da ♄ und ♃ in diesem Falle als Generalsignifikatoren gelten. ♅ ist Herr vom Zeichen ♒, jedoch erst an zweiter Stelle, denn dieses Zeichen wird auch vom ♄ beherrscht. ♆ regiert erst an zweiter Stelle das Zeichen ♓, an erster Stelle herrscht dort der ♃. Daher werden die beiden Planeten ♅ und ♆ nicht als Generalsignifikatoren, sondern nur als Ergänzung angenommen, wenn sie selbst in dem betreffenden Hause sich befinden würden.

Die Himmelskörper haben für den Frager oder die zu befragende Person folgende Bedeutungen:

Saturn ♄.

Die Saturnpersonen haben im allgemeinen eine dunkle Hautfarbe, dunkles Haar, grobe, grosse und starke Knochen und einen sehr zähen Körper. Ihr Benehmen ist ernsthaft und sehr überlegt.

Beeinflussung in den Zeichen.

♈

Magerer Körper, dunkles Haar, strenge, scharfgeschnittene Gesichtszüge. Schroffheit, Prahlsucht, Selbstbehauptung.

♉

Etwas schwerfällige Gestalt. Dunkle glatte, einfache Haare. Rauhe Manieren. Obstinat.

♊

Ziemlich grosse Gestalt. Dunkle, durchdringende Augen. Nicht glücklich, aber offen, treuherzig und aufrichtig.

♋

Gestalt unter der Mittelgrösse, dunkle Haare und blasses Gesicht, Anlage zur Eifersucht, zu Neid, Empfindlichkeit und Misstrauen. Besorgt, unzuverlässig, reizbar und mürrisch.

♌

Grosse, starke Figur und ernste, strenge Erscheinung. Strenge, durchdringende Augen. Organisationstalent und Festigkeit. Rechtschaffen, wahrheitsliebend, edelmütig.

♍

Grosse Gestalt, dunkle Haare, kleine, scharfblickende Augen. Nicht besonders glückliche Personen. Wenig Offenheit und bald verzagt. Fleissig und Hang zur Gelehrsamkeit

♎

Gute Körperbildung. Hohe Stirne, lange Nase. Selbstbewusstsein, Ehrenhaftigkeit.

♏

Etwas dicke, kleinere Gestalt mit dunkler Hautfarbe und dunklen Haaren. Originell, heimlichkeitsliebend, sehr positiv und selbstbehauptend, rasch, voreilig.

♐

Grosse Gestalt, gute körperliche Verfassung. Sehr impulsiv, aber gütig, freundlich und schnell verzeihend.

♑

Dünne Gestalt, dunkelhaarig, mit kleinen Augen und langem Gesicht. Stets unzufrieden.

≈

Wohlproportionierter Körper, grosser Kopf, braunes Haar. Freimütig, gütig, offenherzig. Meist grosse Geschicklichkeit.

)(

Mittelgrosse Gestalt, etwas blasse Gesichtsfarbe, fischartige, volle Augen. Leichte Beeinflussbarkeit, Empfänglichkeit, Wankelmütigkeit, Redseligkeit. Sympathische Personen. Schwer und langsam verzeihend.

Beeinflussung durch Aspekte

Mit ♃ gut aspektiert. Personen, die religiöse Bestrebungen haben. Erfolg mit Landwirtschaft.

Schlecht mit ♃ aspektiert. Differenzen in religiösen Angelegenheiten. Erbschaftsschwierigkeiten.

Mit ♂ in guten Aspekten. Offenere, energischere Personen.

Mit schlechten ♂ Aspekten. Viel Missgeschick und ein gewaltsames Ende. Die befragte Angelegenheit ist kritischer Natur und endet gefährlich.

In guten Aspekten mit ♀. Veredelt den Signifikator nicht, aber vermindert die Zurückhaltung und Strenge der ♄-Personen.

Mit ♀ in schlechten Aspekten. Verlust der Moral. Kränkende Misserfolge und Fehlschläge. Verlust inbetreff der fraglichen Angelegenheit.

Mit ☿ in guten Aspekten. Bringt Klugheit, aber auch Geschicklichkeit, die eigenen Absichten zu verbergen.

Mit ☿ schlecht aspektiert. Nicht einwandfreie Geschäfte, Unehren, Falschheit, Verrat, Täuschung.

Mit ☉ gut aspektiert. Strenge Personen mit edleren Anlagen.

Mit ☉ schlecht aspektiert. Deutet auf ungünstigen Stand der Angelegenheit und auf ein unbefriedigendes Ende derselben. Eine sehr ungünstige Stellung, die auf viel unangenehme Umstände schliessen lässt.

Mit ☽ in guten Aspekten. Eifersucht, Unaufrichtigkeit, Unwahrheit, Veränderungsliebe.

Mit ☽ in schlechten Aspekten. Ungünstige Lebenslagen. Unsicherheit und Misserfolge. Es ist wahrscheinlich, dass alle Hoffnungen und Wünsche vereitelt werden und fruchtlos sind.

Jupiter ♃.

Die Jupiterpersonen zeichnen sich im allgemeinen durch Grösse und Stattlichkeit aus. Sie haben meist helle Hautfarbe und helles Haar und einen aufrechten Gang. Die Frauen erfreuen sich in der Mehrzahl einer schönen Gestalt.

Beeinflussung in den Zeichen.

♈

Mittlere Körpergrösse, starke Nase, ovales Gesicht. Guter Charakter, freigebig, höflich, geschmeidig und zuvorkommend.

♉

Kurze, untersetzte Gestalt, dunkles Haar, das oftmals gekraust ist. Vergnügungsfreudig, intuitiv, beeinflussbar, menschenfreundlich, sehr gesellig.

♊

Der Körper ist etwas über die Mittelgrösse, grosse Augen und braunes Haar. Geringe Widerstandsfähigkeit. Nicht sehr glücklich.

♋

Wohlgeformte, starke und kräftige Gestalt; dunkles Haar, ovales Gesicht. Meist lärmendes Benehmen, launisch und veränderlich, sehr gesellig.

♌

Kräftiger, wohlgeformter Körper; grosse Augen, helles Haar, helle Hautfarbe. Eine auffallende Persönlichkeit. Freigebig, ehrgeizig, gemütvoll, sehr moralisch.

♍

Starker, wohlgebauter Körper; rötliche Hautfarbe und dunkles Haar. Sehr bestimmt, fest, mit grossem Geschick zur Wahrung der eigenen Interessen, grosse Erwerbssucht.

♎

Hübsche, wohlgebaute Gestalt mit klarer Haut, lichtbraunem Haar. Eine angenehme Persönlichkeit mit gutem Temperament und schönem Benehmen. Reines Gemüt.

♏

Untersetzte, mittelgrosse Figur; volles Gesicht, dunkles Haar. Sehr bestimmt, stolz, agressiv, doch wenig aufrichtig.

♐

Personen mit stattlichem Aeusseren, grossem ovalen Gesicht und braunem Haar. Stolz, gerecht, geschickt, höflich, aber etwas unnahbar.

♑

Schlanke, etwas magere Figur, mit blassem Gesicht und dunklen Haaren. Sehr diplomatisch veranlagt, aber stets unzufrieden und meist unglücklich.

♒

Mittelgrosse Gestalt und etwas plump oder schwerfällig; braunes Haar. Gutes Temperament, aber etwas rasch, dabei jedoch zurückhaltend, anständig und sparsam.

♓

Stattliche volle Körpergestalt und gut gefärbte Gesichtshaut. Sehr geschmeidige, anschmiegende und freundliche Personen, mit welchen gut zu verkehren ist.

Beeinflussung durch Aspekte.

Mit ♄ in gutem Aspekt. Sehr ernster Charakter. Gedeihen in den fraglichen Angelegenheiten, Erfolg mit der Landwirtschaft, Erbschaften.

Mit ♄ in schlechten Aspekten. Misserfolge, Verarmung, Kränkung und Beleidigungen.

Mit ♂ in günstigen Aspekten. Deutet auf Abenteuer, waghalsige Unternehmungen und guten Erfolg in militärischen Angelegenheiten.

Mit ♂ in bösem Aspekt. Eine sehr ungünstige Konstellation. Bedeutet Zerstörung des Eigentums, Gefahr des Todes infolge Aufregungen oder Fieber.

Mit der ♀ in gutem Aspekt. Glück und Erfolg und gutes Gelingen. Zunahme der Schönheit. Liebesangelegenheiten.

Mit der ♀ im schlechten Aspekt. Ausschweifungen aller Art, Unmässigkeiten, Ungehorsam und Unfügsamkeit.

Mit dem ☿ gut aspektiert. Meist für alle Unternehmungen glücklich. Scharfer Witz, gute Veranlagung, Ueberlegung und umfassender Geist.

Mit dem ♀ in schlechten Aspekten. Prozesse, Gegnerschaften, Misserfolge. Hindernisse und Verzögerungen. Fehler und Missgriffe.

Mit ☉ in gutem Aspekt. Glück und gutes Gelingen. Eine gute, noble Veranlagung.

Mit der ☉ schlecht aspektiert. Wenig Hoffnung auf Verbesserung der fraglichen Angelegenheit, ausser der Signifikator befände sich in vorzüglicher Anlage und in seinem eigenen Hause. Viel Stolz.

Mit dem ☽ gut aspektiert. Gewinn durch die Familie oder in öffentlichen Angelegenheiten. Popularität.

Mit ☽ schlecht aspektiert. Missliebigkeit, Unbeliebtheit, Zeitverlust und unangenehmen Aufschub, Unzufriedenheit und leichte, unüberlegte Handlungen.

Mars ♂.

Die Marsangehörigen haben meist ein gut entwickeltes Muskelsystem und einen starken, robusten Körperbau. Das Aussehen ist rötlich und frisch, die Haare im allgemeinen trocken, rot oder rötlich-blond.

Beeinflussung in den Zeichen.

♈

Wohlgebauter Körper; helle, rötliche Hautfarbe, oft gekraustes Haar. Kühnheit, Offenheit, Sorglosigkeit, Freiheitsliebe, herrisch, streitsüchtig und mit strengem Urteil.

♉

Mittlere Figur, grobe Züge, dunkle Hautfarbe. Positive Veranlagung. Sehr bestimmt und überlegt.

♊

Grosse, starke Gestalt, robuster Körperbau, dunkle Farbe. Mit gutem Verstand begabt, sehr ruhelos, gewandt, und geschickt, hochgeistig und Neigung zu scharfem, kaustischen Witz.

♋

Kürzere Gestalt, dunkel, brünett. Sehr empfindlich, launisch, wechselnd, reizbar, mürrisch, unzufrieden und meist unglücklich.

♌

Körper etwas über mittelgross, helle oder rötliche Haare, grosse Augen und ein ovales Gesicht. Furchtlosigkeit, Zuversicht, Selbstvertrauen, Strebsamkeit, Unternehmungslust, gut verwendbar.

♍

Mittlere Figur, dunkle Haut und dunkles Haar. Unversöhnlich, vorschnell, sehr eingebildet und voll Widerspruch.

♎

Wohlgeformte Gestalt, recht angenehmes Aeussere. Sehr verständig, konsequent, gerecht, bestimmt.

♏

Mittelgrosse Figur, jedoch etwas schwerfällig oder plump; das Haar ist dunkel und oft gekraust. Sehr diplomatisch, prahlerisch, unwahr und sinnlich. Im allgemeinen ein strenger, unnachsichtlicher Charakter.

♐

Grosse, wohlgeformte Gestalt mit ovalem Gesicht und heller Hautfarbe. Zuvorkommende, liebenswürdige Personen, mit schätzenswerten Eigenschaften. Sie sind angenehm, liebenswürdig, verlässlich, ehrbar, ein wenig zu schnell.

♑

Kurzer, gedrungener, etwas magerer Körperbau, dunkle Farbe. In ihren Handlungen glücklich und erfolgreich, verschmitzt, schlau und vorsichtig, oft sehr durchtrieben, misstrauisch, beharrlich und ehrgeizig.

♒

Wohlgeformte Gestalt, helle, feine Haut. Sehr positiv, streng und bestimmt, lernbegierig und allen Wissenschaften geneigt, feines Benehmen.

♓

Kurzer Körper, dunkle Hautfarbe. Neigung zur Unaufrichtigkeit, Schlauheit, zu List und Täuschung; unverlässliche Personen, die leicht gerührt sind.

Beeinflussung durch Aspekte.

Mit ♄ gut aspektiert. Veredelt die Marseigenschaften. Vorsicht und Ausdauer.

Mit ♄ in schlechten Aspekten. Bedeutet schwere Misserfolge und Schädigungen, üble Ansichten und ein gewaltsames Ende.

Mit ♃ in guten Aspekten. Die Freigiebigkeit, Energie und der Ehrgeiz des Marsangehörigen wird durch diesen Aspekt erhöht.

Mit ♃ schlecht aspektiert. Bringt grosse Härte, Hochmut, perverse Neigungen und verwickelt in Religionssachen und Torheiten.

Mit ♀ gut aspektiert. Deutet auf gute Sitten und Manieren, Harmonie mit dem Geschäftspartner, der Ehefrau oder Geliebten.

Mit ♀ in schlechten Aspekten. Schädigung an der Moral, Verführung, Verschwendung, Leichtsinn, Torheiten und Schädigung durch Leidenschaften.

Mit ☿ in guten Aspekten. Grosser Witz, Klugheit und Tätigkeit.

Mit ☿ schlecht aspektiert. Neigung zu Falschheiten. Schädigung durch allzu scharfes Vorgehen und zu strenge Massnahmen. Betrug und Raub.

Mit ☉ in guten Aspekten. Bringt wirkungsvollen Schutz, Ehren, Ausszeichnungen und Gönnerschaften.

Mit ☉ in schlechten Aspekten. Verlust an Energie und Tatkraft. Gewaltsame Ereignisse. Vorsicht vor Unfällen.

Mit ☽ in guten Aspekten. Liebe zu Veränderungen; Rastlosigkeit und Unbeständigkeit.

Mit ☽ schlecht aspektiert. Betrug, Unwahrheit, Falschheit, List, Kniffe und Ränke, Verschwendung. Personen mit solchen Konstellationen sind unwahr und betrügerisch.

Venus ♀.

Venus bildet im allgemeinen einen wohlgeformten, mehr rundlichen Körper mit hellen Haaren und heller Hautfarbe, grossen runden, oft blauen Augen. Frauen erfreuen sich eines sehr schönen langen Haares. Geselligkeit und Lebenslust ist den Venusangehörigen eigentümlicl

Beeinflussung in den Zeichen.

♈

Grosse, schlanke Gestalt. Wenn ♀ im Untergang steht, sind dunkle Haare und im Aufgang helle Haare vorhanden. Impulsivität, Klugheit, sehr witzig und angreifend. ♎

♉

Schöner, gutgeformter Körper, hübsches Gesicht, dunkle Augen, braune Haare. Ein gütiger Charakter, sehr anziehend. Bei einer weiblichen Person ist auf grosse Anmut und Lieblichkeit zu schliessen.

♊

Grosse, schlanke Gestalt mit klarer Haut, braunen Augen und reichem, vollen Haar. Sehr angenehme Persönlichkeit, die jedoch etwas wankelmütig ist, sonst aber zuvorkommend, ehrenhaft und liebenswürdig.

♋

Kürzere, rundere Körperform; blasse Gesichtsfarbe, kleinere Augen. Im allgemeinen wankelmütig, sehr beeinflussbar und empfänglich, aber scheu.

♌

Gutgeformter, schöner Körperbau, rundes Gesicht, klare Haut, gütig blickende Augen. Diese Personen sind hochgeistig, sehr gesellig, freigebig, warmherzig und haben ein angenehmes Benehmen.

♍

Grössere, wohlgeformte Gestalten mit dunklen Haaren, ovalem Gesicht und sehr scharfen, streng blickenden Augen. Gewandtheit, Geschicklichkeit, starkes Eindringen in alles, was das Interesse erregt hat. Selten glücklich!

♎

Grosse, wohlgeformte Figuren; guter, freundlicher Blick, feines Benehmen, zuvorkommend, höflich, meist künstlerisch veranlagt. Glückliche Personen.

♏

Kurzer, gedrungener Körperbau; dunkle Hautfarbe und dunkle Haare. Sehr eingebildet, unzufrieden und wollen diese Personen sehr heikel und vorsichtig behandelt werden.

♐

Grosse Gestalten mit ovalem Gesicht; helle Hautfarbe und braunes Haar. Sehr gütige, hochgeistige Menschen, die aber sehr dem Vergnügen ergeben sind,

♅

Kürzere, gedrungenere Figuren; blasses Gesicht, dunkle Haare. Wechselnd in der Laune, stark sinnlich. Unglücklich veranlagte Personen.

♒

Wohlgeformter Körperbau; klare, schöne Gesichts-farbe, helle oder blonde Haare. Rasch im Handeln, zuvorkommend, liebenswürdig, menschenfreundlich, intuitiv. Angnnehme Personen.

♓

Mittelgrosse Gestalt, hübsche Körperformen, rundes, gut gefärbtes Gesicht. Sehr angenehm im Verkehr, warm-herzig, gütig, hilfreich, barmherzig und meist glücklich.

Beeinflussung durch Aspekte.

Mit ♄ in guten Aspekten. Bescheidenheit, Sittsam-keit, Zurückgezogenheit und Keuschheit. Nutzen durch ältere Leute oder durch die Anverwandten.

Mit ♄ schlecht aspektiert. List, Schlauheit, schlechtes Auftreten. Unglück in den Unternehmungen.

Mit ♃ gut aspektiert. Tüchtigkeit, Wirksamkeit, Neigung zu Wissenschaften und Künsten. Sehr leutselig. Glück in allen Angelegenheiten.

Mit ♃ in schlechten Aspekten. Verführung, Ver-schwendung, Erbschaftsschädigung, Unvorsichtigkeiten aller Art.

Mit ♂ gut aspektiert. Raschheit und Indiskretionen. Aber glücklich für alle Unternehmungen.

Mit ♂ in schlechten Aspekten. Unsittlichkeit, Unehre, überhaupt Neigung zu unkeuschen oder unehrenhaften Handlungen.

Mit ☿ gut aspektiert. Grosse Freude an Tanz und Vergnügungen. Gutes Redetalent. Künstlerische Anlagen mit besonderer Neigung zur Literatur.

Mit ☿ schlecht aspektiert. Es ist nur ☌ und das ∠ möglich. Geringe Fähigkeiten. Verdruss und Misshellig-keiten mit jüngeren Personen, mit Jounalisten oder öffent-lichen Rednern.

Mit der ☉ in guten Aspekten. Der einzig mögliche Aspekt ausser der ☌ ist ⊻. Wirkt nur wenn er eng geschlossen ist und dann im günstigen Sinne.

Mit ☉ im schlechten Aspekt (∠). Schädigung und Schwächung der Moral.

Mit ☽ in guten Aspekten. Gewinn und Erfolg in öffentlichen Angelegenheiten oder in Verbindung mit Aemtern. Gute Konstellation für kommunale und Familien-Interessen.

Mit ☽ in ungünstigen Aspekten. Sehr bedenkliches Betragen. Verdruss und Unannehmlichkeiten in Verbindung mit weiblichen Personen.

Merkur ☿

Der Einfluss des Merkurs zeigt sich beim Menschen im allgemeinen durch ein sehr nervöses Temperament. Diese Personen haben in der Regel einen schlanken mageren Körper, kleine Augen, scharf gezeichnete Nase, und meist helles oder braunes Haar.

Beeinflussung in den Zeichen.

♈

Magere Gestalt, ovales Gesicht, helles Haar. Scharf, etwas eingebildet, selbstgefällig, listig, oft auch zu Betrug und Unwahrheit geneigt.

♉

Mittelgrosser, etwas korpulenter Körper, dunkle Haare. Leicht zu überreden und dennoch eigensinnig, verstockt und indolent.

♊

Grosse, wohlgeformte Gestalt mit gütigem, freundlichen Gesichtsausdruck. Grosse Klugheit, Selbstgefälligkeit, beifallbegierig, guter Sprecher.

♋

Kleinere, schlanke Figur mit scharfen Gesichtszügen und dunkleren Haaren. Eingebildet, selbstüberhebend, wortbrüchig und wenig verlässlich.

♌

Gut geformter Körper, rundes Gesicht, grosse Nase, meist braune Augen. Viel Stolz und Herrschsucht. Diese Personen sind meist auch sehr ehrgeizig und reden und handeln vorschnell und übereilt.

♍

Grosse, schlanke Gestalten; hübsches Gesicht mit ziemlich energischem Ausdruck und schönen glänzenden Augen. Schlagfertigkeit, grosse Geschicklichkeit und besondere Talente für den Handel und für die Kauf mannschaft.

♎

Wohlgeformte, grosse Gestalten mit heller Gesichtsfarbe. Stolz, Hochmut, aber rücksichtsvoll und ein gutes Benehmen.

♏

Kurzer, breitschulteriger Körper, dunkle Haare. Durchtrieben schlau, verschmitzt, egoistisch, spottsüchtig, verletzende Schärfe in der Rede.

♐

Grosse Gestalten mit hellgefärbten normalem Gesicht und grosser Nase. Guter Charakter, aber etwas vorschnell und unüberlegt und nicht sehr verlässlich.

♑

Kürzere Figur mit dunklen Haaren. Wenig sympathisch und ohne Entgegenkommen. Argwöhnisch, mürrisch, unverlässlich, reizbar und empfindlich.

♒

Mittelgrosse Gestalt, helle Hautfarbe, braunes Haar, glänzende Augen. Höflich, zuvorkommend, gütig, klug, gute Anlagen.

♓

Mittelgrosse Figuren, helles Haar. Launenhaft, veränderlich, ziemlich eingebildet, sehr redselig, oft sogar geschwätzig aber aufnahmsfähig.

Beeinflussung durch Aspekte.

Mit ♄ in guter Bestrahlung. Vermehrte Vorsicht und Zurückhaltung. Anlage zum Studium und Glück in demselben, sowie bei den Prüfungen meist grosser Erfolg.

Mit ♄ in schlechter Bestrahlung. Verleumdung, Schlauheit, List. Gerichtsstrafen oder behördliche Repressalien.

Mit ♃ in günstigen Aspekten. Glückliche Unternehmungen. Gutes Urteil, ruhige Ueberlegung.

Mit ♃ in schlechten Aspekten. Viel Gegnerschaften. Unüberlegtheit, schlechtes, voreiliges Urteil. Unannehmlichkeiten und Schädigungen in Religionsangelegenheiten oder durch sehr religiöse Personen.

Mit ♂ in guten Aspekten. Geschicklichkeit, grosser Verstand, Mut und viel Witz.

Mit ♂ in schlechten Aspekten. Unwahre, unverlässliche Personen. Wortbruch, unkluges Handeln.

Mit ♀ in guten Aspekten. Einheit, Erfolge, künstlerischer Geschmack, liebenswürdige Veranlagung.

Mit ♀ in schlechten Aspekten. Siehe ♀ in schlechten Aspekten mit ☿.

Mit ☉ im guten Aspekt. Nur ☌ möglich. Erfolg in schriftlichen Angelegenheiten oder bei Behörden. Willige Hilfe durch junge Leute.

Mit ☉ in schlechten Aspekt. Nur ☌ möglich. Siehe ☉ in gutem Aspekt mit ☿.

Mit ☽ in guten Aspekten. Eine geschickte, verschlagene, kluge Person. Scharfsinn, Ruhe, Zurückhaltung.

Mit ☽ im schlechten Aspekt. Hinterlist, Betrug, Misserfolge aller Art.

Sonne ☉

Der Einfluss der Sonne entwickelt im allgemeinen schöne, wohlgeformte Menschen mit selbstbewusstem, würdevollem Aussehen.

Beeinflussung in den Zeichen.

♈

Wohlgeformte Gestalt, helle Hautfarbe und helles Haar, kühne, gewölbte Nase, stattliche, starke Persönlichkeiten. Stolz, unternehmend, meist glücklich und sehr unabhängig und freiheitsliebend.

♉

Kürzere, untersetzte Personen, dunkle Hautfarbe und dunkles Haar, grosse Nase, gutes Aussehen und hübsch geschnittenes Gesicht. Starke Willenskraft. Sehr zuversichtlich. beharrlich und ausdauernd aber hartnäckig und eigensinnig.

♊

Grösserer, schlanker aber gutgeformter Körper, dunkle Hautfarbe, braunes Haar. Gute Manieren mit dem Bestreben, stets einen guten Eindruck zu machen. Sehr unentschieden und schwankend.

⊗

Kleinere Figur, blasses Gesicht, braunes, stumpfes Haar. Mangel an Selbstvertrauen. Launenhaft, leicht beeinflussbar und wechselnd.

♌

Starke Körperformen hellbraunes Haar, rötliche Haut. Stolz, gerecht; freigebig und freiheitsliebend.

♍

Volle, schöne Körperform, breites Gesicht, dunkle Haare. Angenehm, heiter, erfinderisch, scharfsinnig und gesellig.

♎

Schlanke, grosse Figuren, ovales Gesicht, helle Haut-farbe, grosse Augen. Zuvorkommend, höflich, geschmeidig, meist glücklich. Wenig Stolz und Ehrgeiz.

♏

Untersetzte, etwas beleibte Gestalten, scharf ge-schnittenes Gesicht, dunkle Hautfarbe, braunes Haar; dunkle, meist kleine Augen. Sehr positiv, energisch und bestimmt. Schwer zu überredende, etwas hartherzige Personen.

♐

Grosser, wohlgeformter Körper, ovales Gesicht, helle Gesichtsfarbe, hellbraunes Haar. Philosophisch veranlagt, sympathisch, ehrgeizig und die Unabhängigkeit liebend.

♑

Mittelgrosse Figur, meist starkknochig und mager. Blasse Gesichtsfarbe, dunkle oder schwärzliche Haare. Zurückhaltend, taktvoll, vorsichtig. In Verteidigung seiner Ansichten sehr hartnäckig.

♒

Mittelgrosse Gestalten, klare Hautfarbe, ziemlich langes oder breites Gesicht, hellbraunes Haar. Nicht immer verlässliche Personen. Sind infolge ihres eigen-tümlichen Temperamentes und ihrer schwankenden, teils zur Festigkeit, teils zu Biegsamkeit neigenden Veran-lagung nur schwer zu verstehen.

)(

Kurze, etwas schwerfällige, fleischige Gestalten mit rundem vollem Gesicht. Gütige, barmherzige, duldsame Menschen, die aber gewöhnlich furchtsam sind und ängstlich und sehr rasch aus der Fassung kommen.

Beeinflussung durch Aspekte.

Mit ♄ in guten Aspekten. Gute Konstellation für alle Unternehmungen, welche stetig wachsen sollen und einer starken Befestigung und Stabilität bedürfen. Festigkeit und Entschlossenheit.

Mit ♄ in schlechten Aspekten. Viel Hindernisse und Schwierigkeiten. Gefährliche Absichten. Schaden durch Bürgschaften u. a. Zu weitgehendes Vertrauen, Unvorsichtigkeit.

Mit ♃ gut aspektiert. Vorzüglicher Aspekt. Grosser Erfolg in allen Unternehmungen. Gewinn. Wirkt am besten in feurigen oder luftigen Zeichen. Freigebigkeit, scharfe Unterscheidungskraft.

Mit ♃ schlecht aspektiert. Unvorsichtigkeiten, Verschwendung, Verwüstung.

Mit ♂ in guten Aspekten. Grosse Energie, Mut, Unternehmungslust. Ueberwindung von Schwierigkeiten. Erfolg in allen militärischen Angelegenheiten und in Verbindung mit Maschinen, Eisen, und allem, was dem ♂ untersteht.

Mit ♂ in schlechten Aspekten. Feindschaften, Prozesse, Gewalttaten. Eine unaufrichtige Person, der nicht allzuviel zu trauen ist.

Mit ♀ in guten Aspekten. (Nur ☌ und ∨). Glückliche Unternehmungen. Glück bei Frauen. Ehe.

Mit ♀ in schlechten Aspekten. (Nur ∠). Hindernisse. Verluste oder Enttäuschungen durch weibliche Personen. Unannehmlichkeiten.

Mit ☿ in gutem Aspekt. Es ist nur ☌ möglich. Erfolg in schriftlicher Angelegenheit. Hilfe durch junge Leute.

Mit ☿ in schlechtem Aspekt. Nur ☌ ist möglich. Siehe oben, ☉ mit ☿ im guten Aspekt.

Mit ☽ in guten Aspekten. Günstig. Erfolg, Anteilnahme. Hilfe durch das Volk oder durch Frauen. Auch durch die Ehe.

Mit ☽ in schlechten Aspekten. Gegnerschaft mit weiblichen Personen oder mit dem Volke. Sehr un-

günstige Konstellation besonders für das weibliche Geschlecht und in Liebes- oder Geldangelegenheiten verhindernd und trennend wirkend.

Mond ☽.

Der Einfluss des Mondes bringt verschiedene Körperformen hervor, kleine und grosse Figuren, im allgemeinen
jedoch mehr kurze und fleischige Gestalten, mit meist
hellem Haar und blasser Farbe.

Beeinflussung in den Zeichen.

♈

Kürzere aber wohlgeformte Gestalt mit vollen Formen,
reiner, schön gefärbter Haut und braunem Haar. Sehr
veränderlich, impulsiv, rasch und optimistisch.

♉

Fleischige, kürzere aber hübsch geformte Figuren
mit dunklem Haar. Etwas nachlässig, eifersüchtig, voll
Eigensinn, empfindlich, rachsüchtig, widerspenstig.

♊

Grosse Körpergestalt, gut gefärbte Haut, helles Haar,
durchdringender Blick. Etwas unverlässlich aber klug
und witzig. Taktvolles Benehmen.

♋

Mittelgrosse Figur, blasses, halbrundes Gesicht.
Launenhaft, wechselnde Ansichten; harmlose, angenehme
und sympathische Personen.

♌

Der Körper ist etwas über die Durchschnittsgrösse;
helle Hautfarbe, grosse Augen. Grosse Geneigtheit zu
Projekten und Unternehmungen. Sehr bestimmt, ehrgeizig, zeremoniell und freiheitsliebend. Fühlt sich nur
in der Unabhängigkeit wohl.

♍

Mittelgrosse Gestalt; dunkle Gesichtsfarbe, scharf
geschnittenes Profil, ovales Gesicht, dunkles Haar, starke

Brauen. Sehr diplomatisch, und sorgsam auf die eigenen Interessen bedacht. Zurückhaltend und vorsichtig.

♎

Grosser wohlgeformter Körper; klare Hautfarbe, grosse Augen mit gütigem, freundlichen Blick. Zuvorkommend, liebenswürdig, vergnügungsfreudig, freundliches Benehmen.

♏

Stark untersetzte Person mit unsymetrischen unproportionierten Formen. Dunkle Hautfarbe und oft unreiner Teint. Voll Falschheit, Geheimnisse, Hinterlist, Unwahrheit und Rachsucht.

♐

Grosse, wohlgeformte Gestalten, frische Hautfarbe, helles oder hellbraunes Haar. Meist glückliche Personen. Etwas romantisch veranlagt, übereilt, leidenschaftlich, freigebig und freiheitsliebend.

♑

Kleine, magere, blasse Personen mit meist dunklem Haar. Sehr diplomatisch, unaufrichtig, unverlässlich und selbstsüchtig.

♒

Mittelgrosse Figuren, klare, reine Hautfarbe und glänzende Augen. Sehr geschickt, klug, gewandt, überlegt und angenehm im Verkehr.

♓

Der Körper neigt ein wenig zur Schwerfälligkeit und Plumpheit. In dieser Konstellation kommen alle Körpergrössen vor. Meist unglückliche Personen. Sonst sehr sympathisch, doch ängstlich, reizbar, empfindlich und mürrisch, aber leicht zu beeinflussen.

Beeinflussung durch Aspekte.

Mit ♄ in guten Aspekten. Ausgeprägte Erwerbssucht. Vorsicht, Standhaftigkeit und Zurückhaltung. Ganz besonderes Glück bei Baulichkeiten oder landwirtschaftlichen Geschäften, wie überhaupt in Verbindung mit Grund und Boden.

Mit ♄ in schlechten Aspekten. Schlechte Ueberlegung. Viel Fehlschläge und Unannehmlichkeiten. Unzufriedenheit, Unwahrheit, Täuschung.

Mit ♃ in guten Bestrahlungen. Fruchtbarkeit und
Vermehrung, öffentliche Ehren und Anerkennungen. Sehr
gute Geschäfte und Erfolge.

Mit ♃ in schlechten Bestrahlungen. Grosse Neigung
zur Prahlsucht. Verschwendung. Misserfolge mit höher
gestellten Persönlichkeiten und Autoritäten.

Mit ♂ in guten Aspekten. Eine kluge gewandte,
tätige Persönlichkeit. Günstige Konstellation für schnell
zu erledigende Angelegenheiten, Uebertragungen, Um-
kehrungen und für waghalsige Unternehmungen.

Mit ♂ in schlechten Aspekten. Impulsivität, Indis-
kretion und Leidenschaftlichkeit, Borniertheit und Streit-
sucht. Misserfolge.

Mit ♀ in guten Aspekten. Sehr günstig; angenehme
Manieren, gesellschaftliche Talente, gewinnbringende Unternehmungen. Für das weibliche Geschlecht besonders
gute Konstellation.

Mit ♀ in schlechten Aspekten. Neigung zur Wollust
und Ueppigkeit. Unprofitable Unternehmungen. Verschwendung und grosse Ausgaben für Putz, Vergnügungen u. a.

Mit ☿ gut aspektiert. Schnelle Hilfe. Sehr günstig
für alle Verkehrsangelegenheiten, Post, Speditionsge-
schäfte usw. Rasch, gewandt, pfiffig und schlau.

Mit ☿ schlecht aspektiert. Ungünstiger Aspekt für
Verkehrsangelegenheiten, Postwesen, Ablieferung, Sen-
dungen. Misserfolge und Sorgen. Verworrenheit, Un-
akkuratesse, Ungenauigkeit in allen Unternehmungen und
Abmachungen. Plumpe Vertraulichkeit. Schlechte geistige
Fähigkeiten, Verworrenheit der Ansichten.

Mit ☉ in guten Aspekten. Sehr gute Geldaspekte,
glückbringend. Erfolg durch Protektion und Gunst höher-
gestellter Personen. Wenn der ☽ in seinem Zeichen in
Würden steht, hat man es hier mit einer treuen und ver-
lässlichen Person zu tun.

Mit ☉ in schlechten Aspekten. Zwistigkeiten mit
Hochstehenden und Autoritäten oder Behörden. Schlechte
Konstellationen für den Erfolg. Schlechte Geldaspekte.

Allgemeine Bemerkungen. Vorstehende Regeln
sind mit Ausschluss von ♅ und ♆ durchgeführt. Ihr Einfluss in der Stundenastrologie ist noch zu wenig erkannt.

um mit Sicherheit Regeln feststellen zu können. Der Studierende ist hier ganz auf seine eigene Kombination angewiesen. Es wird ihm aber in den einzelnen Fällen nicht allzu schwer fallen, die richtige Interpretation für diese beiden Planeten zu finden, wenn er sich streng an die in Band I dieser Kollektion gegebene Beschreibung der Einflüsse von ♇ und ♅ hält. Die Haupteigenschaft des ♅ ist die Plötzlichkeit. Seine guten Aspekte mit den anderen Himmelskörpern werden unvermutete günstige Wandlungen und Glücksumstände (besonders bei ♃, ♀ und ☉) herbeiführen. Seine schlechten Aspekte bringen plötzliche und unvermutete Misserfolge, Fehlschläge, Unfälle und unglückliche Ereignisse. Der ♇ kommt wenig in Frage. Er wirkt schon im Geburtshoroskop der meisten Menschen sehr schwach. Man kann durch langjährige Praxis in der Astrologie die Erfahrung machen, dass der ♇ nur bei Personen kräftig wirkt, die sich bereits auf einer höheren Entwicklungsstufe befinden, die ein mehr geistiges Leben führen. Stark materiell gesinnte Menschen spüren wenig vom Einfluss des ♇. Es erklärt sich also daher, dass man durch Jahrtausende Astrologie treiben konnte, ohne von der Existenz des ♇ eine Ahnung gehabt zu haben. Sein Einfluss auf die Menschheit früherer Zeiten war eben noch so gering, dass er keine Störung verursachte. In ähnlicher Weise verhält es sich auch mit dem ♅. Die intellektuelle Steigerung, die grosse Verkehrsentwicklung und die technischen Errungenschaften unserer Zeit sind ein viel günstigeres Feld für den Einfluss des ♅. Der moderne, vorwärts jagende Mensch hat sich ihm jetzt mehr geöffnet. In früheren Jahrhunderten war auch er nur von schwacher Wirkung auf die Menschheit.

♇ und ♅ beziehen sich in dieser astrologischen Praktik mehr auf das Ganze, als auf Details, also mehr auf die Gesamtheit als auf einzelne Personen. Gute Aspekte vom ♇ können Hilfe bringen durch untere und mittlere Volksschichten, dagegen vom ♅ mehr durch sozial höherstehende Gesellschaftskreise. Betrübungen des Signifikators durch den ♅ geben gewöhnlich einen sehr starken Einschlag, scharfe Massnahmen, Gewalt. Ist der Signifikator durch ♇ sehr betrübt, so ist auf unerlaubte Handlungen und Vorgänge zu schliessen, die dem Rechtsgefühl widerstreben, ferner auch auf Verwirrungen und Verknotungen der Umstände.

Als Signifikatoren kommen die beiden Planeten nicht in Anwendung, wie ja schon eingangs dieses Kapitels erwähnt wurde.

Wenn in den vorstehenden Regeln Personenbe-
schreibungen oder Charakterschilderungen gegeben wurden,
so betreffen dieselben entweder die fragende oder die zu
befragende Person. Die bei vielen Regeln angeführten
Ereignisse und Geschicke können sich ebensowohl auf
den Frager, die zu befragende Person oder auf die Frage
selbst beziehen. Die Anwendung dieser Regeln wird im
nächsten Abschnitte gezeigt.

Noch ist darauf zu achten, dass im allgemeinen bei
allen Aspekten des ♄ die Haut- und Haarfarbe der durch
den jeweiligen Signifikator bezeichneten Person schwärzer
und bei den ♃ Aspekten heller sein wird.

---

5. Die Elektionen.

Die astrologische Fragestellung und Beantwortung
ist in diesem Abschnitt der Bedeutung der 12 Häuser
entsprechend geordnet.

Im allgemeinen sind folgende Vorschriften zu beachten.

Man untersucht sehr sorgsam die Herren der beteiligten Häuser, also jenes Haus, welches dem Frager
zugehört und jenes Hauses, welches die Antwort, entsprechend der Natur der Frage, in der Hauptsache zu
erteilen hat. Man beachte die Stellung jener beherrschenden Himmelskörper wie auch die Aspekte, die sie sowohl,
als auch die Spitzen ihrer Häuser erhalten und berück-
sichtige bei der Beurteilung ihre Natur, ihre Kraft, Würden
oder Schwächen, wie überhaupt alle astrologischen Verhältnisse, in welchen sie sich befinden.

Ferner ziehe man zur Beurteilung zwecks Beantwortung der gestellten Frage jene Himmelskörper heran,
die in den beteiligten Häusern persönlich stehen, bestimme
ihre Natur, Aspekte usw.

Eine günstige Antwort wird immer davon abhängig
sein, dass der Herr des zu befragenden Hauses, sowie
die sich in demselben befindlichen Himmelskörper frei
von schlechten Aspekten und sich in guter Stellung, also
stark im Zeichen und der Position, befinden und recht-
läufig sind.

Verzögerungen in der zu befragenden Angelegenheit
und Verhinderungen, sowie auch ein schlimmer Ausgang

werden immer eintreten, wenn ♄ oder ☊ mit schlechten Aspekten auf die Signifikatoren der befragten Angelegenheit einwirken, oder wenn sie rückläufig sind. Schwache Positionen derselben wirken insofern ungünstig, als sie den Ausgang einer in Frage stehenden Angelegenheit nicht kräftig genug zu beeinflussen vermögen.

Wenn also die betreffenden Signifikatoren für die befragte Angelegenheit frei von schlechten Aspekten sind und sich in guter Anlage befinden, dann ist auf eine Erfüllung der Wünsche oder auf einen erfolgreichen, günstigen Ausgang zu schliessen; wenn aber schlechte Aspekte vorherrschen oder sich die Signifikatoren in sehr schlechter Anlage befinden, so kann nur auf Erfolglosigkeit, schlechten Ausgang, Verhinderung und im günstigsten Falle auf eine, den Erfolg in Frage stellende Verzögerung geschlossen werden.

Die sehr schlechten ♂-Aspekte wirken vereitelnd und zerstörend, während die weniger feindlichen ♂-Aspekte Schwierigkeiten und Feindseligkeiten in Betreff der fraglichen Angelegenheit herbeiführen. Die starken Planeten wie ♂, ♃, ☊ und ♄ haben im allgemeinen einen einschlagenderen, dauernderen Einfluss als ♀ und ☿.

Es ist selbstverständlich ausgeschlossen, im Rahmen dieses Buches allen Fragen des Lebens durch Beispiele näher zu treten. Man kann bei jedem Hause nur an einigen Exempeln die Art der Untersuchung zeigen. Ein aufmerksames Studium der grundlegenden Elemente dieses Buches wird aber jeden Schüler bald befähigen, für jede Frage die richtige astrologische Antwort zu finden.

1. Haus.

Die folgenden Fragen betreffen Angelegenheiten, die dem Aszendenten unterstehen, also über das allgemeine Geschick, Lebens- und Gesundheitsverhältnisse. Der Kampf um das Dasein. Fragen über die Grossmutter. Ferner über Maschinen, Tiere usw.

1. Werde ich ein langes Leben haben?

Man beurteile sowohl die Stellung der ☉ als auch des Herrn des 1. Hauses, ferner der sich in demselben befindlichen Himmelskörper und schliesslich des Mondes.

Die Antwort kann bejahend erfolgen, wenn der Herr des 1. Hauses und die beiden Himmelslichter in guter

Anlage sich in Eckhäusern befinden und frei von sehr schlechten Aspekten sind. Steht aber einer derselben im 8. Hause, besonders der Herr des Aszendenten oder der ☽, oder sind sie in sehr schlechter, schwacher Anlage mit bösen Aspekten, so kann die Frage verneint werden.

Wenn der ☽ Herr des 1. Hauses ist und sich im 8. Hause befindet und in schlechten Aspekten mit dem Herrn des 8. Hauses, wird der Tod bald kommen. Es lässt sich die Dauer des Lebens ungefähr durch einen schlechten Applikationsaspekt des Herrn des 1. Hauses zu ☉ oder ☽ beurteilen.

2. Ob ein plötzlich eintretendes Ereignis sich als glücklich oder unglücklich erweisen wird.

Wenn der Aszendent durch ♃ oder ♀ besetzt ist, frei von schlechter Bestrahlung, wenn ☽ gut aspektiert ist, wenn sich ferner kein ungünstiger Planet im 10. Hause befindet, auch nicht im 1. Hause und das letztere Haus frei von sehr schlechten Aspekten ungünstiger Planeten ist, dann wird der Ausgang der befragten Angelegenheit günstig und zufriedenstellend sein.

Wenn aber im 1. Hause ein böser Planet steht, oder im 10. Hause, wenn der ☽ schlecht bestrahlt ist und der Himmelskörper, welcher mit der Natur der fraglichen Angelegenheit korrespondiert, sich ebenfalls in schlechter Bestrahlung befindet, dann ist kein guter Ausgang für die betreffende Angelegenheit zu erwarten und es ist in solchem Falle immer besser, das betreffende Vorhaben, wenn es möglich ist, gar nicht durchzuführen.

Wenn ein unglücklicher Planet aus dem 2. Hause den ☽ schlecht bestrahlt oder einen Himmelskörper im 1. Hause oder den Herrn des 1. Hauses, wird mit dieser Angelegenheit ein Geldverlust verknüpft sein. Kommt diese Bestrahlung vom 3. Hause, so wird es Zwistigkeiten und Zerwürfnisse mit Anverwandten, Nachbarn oder in Verbindung mit einer kleinen Reise geben; vom 4. Hause aus ist auf Uneinigkeit mit den Eltern, auf Verlust und Misserfolge in Verbindung mit Landbesitz, Häuser, Minen usw. zu schliessen. Aus den anderen Häusern wird in derselben Weise, je nach der Natur der Häuser geurteilt. Es ist selbstverständlich, dass ein glücklicher Himmelskörper, in dieser Weise in den verschiedenen Häusern situiert und den ☾, einen Himmelskörper des 1. Hauses.

oder dessen Herrn günstig anblickend, Erfolge verspricht,
je nach der Natur des Hauses, in welchem er sich befindet.

3. Frage nach dem Schicksal eines Schiffes.

Man berechnet das Horoskop für den Moment des
Stapellaufes des Schiffes und der geographischen Position
jenes Ortes, an welchem sich der Stapellauf vollzieht.
Eine auf diese Weise berechnete Figur gleicht sozusagen
dem Geburtshoroskop des Schiffes.

Zur Interpretation eines Stapellauf - Horoskopes ist
hauptsächlich das 1. Haus und der ☽ zu beachten, diese
sind die beiden Signifikatoren für das Schiff. Es wird
aber auch der Herr des 1. Hauses zur Beurteilung mit
herangezogen.

Ein böser Planet im 1. Hause oder die Spitze des
1. Hauses in ungünstigem Aspekt treffend, bringt dem
Schiffe Unglück, ebenso, wenn der ☽ von ungünstigen
Aspekten böser Planeten getroffen wird.

Der Herr des 1. Hauses in schlechter Position und
mit ungünstigen Planeten durch schlechte Aspekte verbunden, deutet ebenfalls auf Unglück für das Schiff.

Bei grossen Schiffskatastrophen findet man meist
beide Signifikatoren verletzt und vielfach auch noch den
Herrrn des 1. Hauses. Es kann also nicht immer auf
den Untergang oder die Zerstörung des Schiffes geschlossen werden, wenn nur ein Signifikator verletzt ist,
in solchen Fällen muss man sehr vorsichtig sein und eher
einen Schiffsunfall prognostifizieren, obwohl es auch schon
oft zu konstatieren war, dass sogar die blosse Verletzung
des Herrn des 1. Hauses den Schiffsuntergang zur Folge
hatte.

Wenn ♄ der verletzende Planet ist, wird das Schiff
untergehen. Der ♂ wird sehr grosse Gefahren oder
Schädigungen durch Feuer (besonders im feurigen Zeichen),
Maschinenbruch, Zusammenstoss, wie überhaupt ein gewaltsames Ereignis, verursachen. Wenn dabei das Zeichen,
in welchem der böse Planet sich befindet, auch eines der
Zeichen ist, welches die unter dem Wasser befindlichen
Schiffsteile regieren, so wird die Ursache des Schiffsun-
falles ein Leck sein. Ist der ♂ als verletzender Planet
mit dem ☊ im 4. Hause verbunden, oder umgekehrt, so
wird das Schiff eine Explosion erleiden.

Steht bei sonst günstigen Signifikatoren, die ♀ oder
der ♃ im 1. Hause, 2. Hause oder 10. Hause und in

günstiger Anlage, dann wird sich das Schiff für seinen Eigentümer als eine gute Kapitalsanlage erweisen. Steht aber im 2. Hause ein schlechter Planet, so wird das Schiff grosse Verluste bringen.

Die Einteilung des Schiffes unter die 12 Zeichen ist folgenderart:

♈ = der Bug, die Maschinen,
♉ = der Kiel und die Teile unter demselben,
♊ = das Steuerruder und Heck,
♋ = der untere Schiffskörper,
♌ = die oberen Teile des Schiffes (Masten usw.)
♍ = die Lagerräume,
♎ = die Teile über dem Wasserspiegel,
♏ = die Kabinen und Kojen,
♐ = die Mannschaft,
♑ = das Schiffsende,
♒ = der Kapitän,
♓ = das Steuerrad und die Schraube.

Jene Schiffsteile, deren Zeichen im Stapellaufhoroskop von ungünstigen Planeten besetzt sind, oder in welche schlechte Aspekte ungünstiger Himmelskörper fallen, sind Gefahren, Unglücksfällen oder öfteren Störungen und Reparaturen ausgesetzt.

2. Haus.

Die folgenden Fragen betreffen alle Vermögens- und Geldangelegenheiten, beweglichen Besitz, finanzielle Verhältnisse.

1. Wegen Rückerlangung verborgten Geldes.

Das 1. Haus, dessen Herr und der ☽ sind die Signifikatoren für den Frager. Man untersucht die Aspekte derselben zum 2. Hause, dem Hause des Vermögens.

Das 7. und 8. Haus und deren Herren sind die Signifikatoren für den Borger, bezw. Schuldner.

Wenn der Herr des 1. Hauses oder der ☽ in guten Aspekten mit dem Herrn des 8. Hauses steht, oder es befindet sich (in günstiger Anlage) der ♃ im 8. Hause oder der Herr des 8. Hauses im 2. Hause, so kann das Geld ausgeliehen werden und man wird es rückbezahlt erhalten.

2. Wenn ich die Absicht habe, Geld zu borgen, werde ich Erfolg haben?

Man untersuche den ☿ und den Herrn des 2. Hauses. Wenn er oder jener Himmelskörper, der mit ☿ in guter Verbindung steht, den Herrn des 2. Hauses günstig bestrahlt, wird Erfolg zu verzeichnen sein. Der rückläufige ☿ aber bringt Erfolglosigkeit. Der Herr jenes Hauses, der den ☿ oder den Herrn des 2. Hauses günstig anblickt, entscheidet, von wem man das Geld borgen soll. Wenn der Herr des 11. Hauses in gutem Aspekt mit ☿ oder dem Herrn des 2. Hauses steht, so borge man von einem Freund, wenn der Herr des 3. Hauses sich in solchen Verbindungen befindet, von einem Verwandten, beim Herrn des 4. Hauses vom Vater usw.

3. Geldverborgen und Geldborgen im Allgemeinen.

Es ist immer zu beachten, dass der Herr vom 1. Haus und der ☽ den Frager vorstellen beim Geldverleihen. Auch der Planet, der im 2. Hause steht, ist dabei von Einfluss. Der Herr des 2. Hauses und der Planet im 2. Hause bedeuten das Vermögen des Geldverleihers.

Der Herr vom 7. Hause bedeutet den Geldborger und der Herr vom 8. Hause dessen Vermögen. Wenn aber der Geldborger ein Verwandter ist, dann muss auch der Herr des 3. Hauses, beim Vater der Herr des 4. Hauses usw. als Signifikator für den Borger untersucht werden.

Gute Zeugnisse für die Rückzahlung sind folgende Konstellationen: Wenn sich der Herr des 1. Hauses oder der ☽ in ☌ oder guten Aspekten mit dem Herrn vom 8. Hause oder dem im 8. Hause stehenden Himmelskörper befindet. Wenn der Herr vom 8. Hause im 2. Hause in Rezeption mit dem Signifikator des Fragers steht. Wenn der Herr des 1. Hauses oder der ☽ in günstigen Aspekten verbunden ist mit einem gütigen Planeten, der im Zeichen des 1. oder 10. Hauses Würden besitzt.

Verlust des ganzen verborgten Geldes oder eines Teiles desselben ist durch folgende Konstellationen gekennzeichnet: Wenn der Herr vom 7. oder 8. Hause in schlechten Aspekten mit dem Herrn des 1. oder 2. Hauses und dem ☽ steht, oder sich selbst im 1. oder 2. Hause ungünstig befindet und ohne Rezeption mit den Signifikatoren des Verborgers. Ist der Planet im 8. Hause ein unglücklicher (♄, ♂, ☋) und hat er keine Rezeption mit

den Signifikatoren des Verborgers, so wird das entliehene
Geld nur sehr schwer und nur in Teilzahlungen zurück-
erstattet werden.

Unter Rezeption ist jenes Verhältnis einer Konstellation verstanden, wo zwei oder mehrere Himmelskörper in irgend einem Aspekt zu einander stehen, dabei
aber einer sich im Hause des andern oder in dessen Erhöhung befindet. Rezeption tritt z. B. ein, wenn die ☉ im ♋
und der ☽ im ♌ stehen und ein ⚹ vorhanden ist. Die
☉ steht demnach im Hause des ☽ und der ☽ im Hause
der ☉. Oder wenn ♃ im ♈ steht und die ☉ im ♋ und
zwischen beiden ein □ liegt. Bei dieser Rezeption befindet sich der ♃ in der Erhöhung der ☉ und die ☉ in
der Erhöhung des ♃.

Auch über die Zeit der Rückzahlung kann man sich
informieren. Man zählt die Grade des Aspektes, der
zwischen den Signifikatoren herrscht und rechnet bei
Eckhäusern im beweglichen Zeichen für den Grad 1 Tag,
im gemeinschaftlichen Zeichen 1 Woche, im fixen Zeichen
1 Jahr. Bei fallenden Häusern im beweglichen Zeichen
für den Grad 1 Monat und bei allen anderen Zeichen
1 Jahr.

4. Ueber Reichtum oder Armut.

Man untersuche die Herren des 1. und 2. Hauses
sowie des 4. Hauses und beachte ihre Anlage, Stellung
und die Aspekte.

Wenn die Herren des 1. und 2. Hauses gut bestrahlt sind, so ist Reichtum zu erwarten gemäss der
Stärke der günstigen Aspekte. Um zu wissen, auf welche
Art man den Reichtum erhalten wird, ist das 2. Haus
und dessen Herr ausschlaggebend.

Befinden sich die Herren des 1. und 2. Hauses in
sehr schlechter Stellung und in ungünstigen Aspekten, so
wird Verarmung eintreten. Ebenso, wenn unglückliche
Planeten im 2. Hause stehen und sehr verunglimpft sind.

Grosser Reichtum ist immer zu prognostizieren, wenn
die sonst günstig stehenden Herren des 1. und 2. Hauses
zu einander in ☌ oder exakten guten Aspekten stehen
und auch zwischen ihnen und dem ♃ oder der ♀ ein
guter Aspekt besteht.

5. Ueber Gewinne durch Lose, in der Lotterie usw.

Man untersuche die Herren des 1. und 2. Hauses,
den ☽ und das ⊕. Wenn sich alle in Eckhäusern be-

finden und günstig bestrahlt werden, so ist grosser Gewinn zu erwarten. Befinden sie sich zum Teil in anderen Häusern, aber gut bestrahlt, so ist ebenfalls ein günstiges Resultat zu erhoffen.

Wenn sich aber diese Signifikatoren in schlechter Anlage befinden und in ungünstiger Bestrahlung, so wird der Frager keinen Gewinn erzielen.

Man wird bei solchen Fragen stets gut tun, auch den Herrn des 5. Hauses mit zu Rate zu ziehen.

6. Verschiedene Bestimmungen.

Bei allen Fragen, welche die finanzielle Seite betreffen, sind in der Hauptsache das 2. Haus und dessen Herr genau zu untersuchen und festzustellen, durch welche Aspekte sie bestrahlt werden, um ihre Kraft oder Schwäche zu ermitteln. Dann ist auf ihr Zusammenwirken mit den Häusern und ihren Herren zu achten, die mit der betreffenden Frage im Zusammenhang stehen, so z. B. das 5. Haus für Spekulationen oder Geldanlagen, das 7. Haus für Teilhaberschaften, das 8. Haus für Geldverleiher, Erbschaften, das 9. Haus für Geldgeschäfte in fernen Ländern usw.

Das 1. Haus und dessen Herr ist in der Hauptsache stets der Frager selbst.

Besonders sind bei allen Geldangelegenheiten auch die Stellungen und Einflüsse von ♃ und ♀ zu beachten.

3. Haus.

Die folgenden Fragen betreffen Geschwister, Verwandte, Nachbarn, Veränderungen, Gerüchte, Neuigkeiten Briefe, kleine Reisen, Gastfreundschaft, Besuche, Studium, Dokumente und Verträge, ganz nach den Bedeutungen des 3. Hauses.

1. Ueber Neuigkeiten, Gerüchte usw.

Folgende Regeln sind nur anzuwenden, wenn die betreffende Nachricht, das Gerücht oder die Neuigkeit den Frager, seine Familie oder sein Vermögen betreffen.

Gute Nachrichten sind wahr, wenn der ☽ sich im Aszendenten, 3., 9. oder 2. Hause befindet, gute Separationsaspekte hat, und in einem guten Applikationsaspekt mit dem Herrn des 1. Hauses steht.

Die Nachricht ist falsch, wenn der ☽ auf seinem Wege durch das Zeichen, in welchem er steht, keinen Aspekt mit einem Himmelskörper formen kann, oder wenn der ☽ in ungünstigen Aspekten mit ☿ steht und auch keine günstigen Aspekte mit dem Herrn des 1. Hauses aufweisen kann.

2. Ueber Briefe, Dokumente usw.

Das 3. Haus bedeutet den Absender, das 1. den Frager. Bei allen Fragen, welche Briefe oder Schriften betreffen, urteile man aus der Stellung des ☿ und seiner Aspekte, sowie seiner Verbindung mit dem Herrn des 1. Hauses.

3. Ueber Beziehungen zu Geschwistern, Anverwandten und Nachbarn.

Der Herr des 1. Hauses und der ☽ repräsentieren den Frager. Das 3. Haus und dessen Herr bedeuten die Geschwister, Verwandten oder die Nachbarn. Man untersuche die Stellungen und Aspekte zwischen dem Herrn des 1. Hauses, dem ☽ und dem Herrn des 3. Hauses. Aus den günstigen oder ungünstigen Zusammengestirnungen lässt sich die Harmonie, Disharmonie, der Nutzen oder der Schaden in der befragten Angelegenheit ersehen.

4. Soll man eine bestimmte kleine Reise unternehmen?

Hier sind nur kleinere Reisen gemeint, die nicht über einige Stunden Fahrtdauer reichen. Längere Reisen, die bereits über 3 Stunden Fahrtdauer benötigen, gehören schon in das 9. Haus. Man versteht im allgemeinen astrologisch unter kleinen Reisen keine längere Abwesenheit vom Hause als höchstens 24 Stunden.

Das 1. Haus gilt für den Frager, das 3. Haus für die Reise und der ☽ als hauptsächlich Bedeutsamer für ein solches Unternehmen. Wenn die Herren dieser Häuser (auch möglichst die Häuserspitzen) und der ☽ frei von jeder Verunglimpfung und schlechten Aspekten ungünstiger Planeten sind, kann man die Reise unternehmen. Ebenso wenn sie sich auf einander zu bewegen und in guten Aspekten zu einander stehen. Wenn aber der Herr des 1. Hauses rückläufig ist oder im Stillstand oder in schlechten Aspekten, oder wenn sich die drei Signifikatoren untereinander schlecht bestrahlen oder sonst in der Mehrzahl schlechte Aspekte erhalten, dann soll man die Reise unterlassen.

Im allgemeinen also muss der Herr des 1. Hauses günstig stehen, wenn möglich im 3. Hause oder in Rezeption mit dem Herrn des 3. Hauses oder mit ihm in guten Aspekten. Andernfalls muss der ☽ diesen Anforderungen als Co-Signifikator entsprechen, wenn die Reise glücklich und erfolgreich sein soll. Ein ☐-Aspekt nicht ausschliesslich böser Planeten, aus einem Zeichen von kurzer Aufsteigung ist nicht als besonders ungünstig anzusehen.

Wenn aber keine günstige Verbindung zwischen dem Herrn des 1. Hauses oder dem ☽ mit dem Herrn des 3. Hauses besteht, oder wenn der ☽ durch einen bösen Planet aus dem 3. Hause schlecht bestrahlt ist, dann ist die Reise ungünstig. Es ist auch nicht ratsam zu reisen, wenn bei sonst guten Bedingungen das 3. Haus von einem bösen Planeten besetzt ist.

5. Erfolg und Misserfolg bei einer Reise.

Für den Erfolg sprechen: „Wenn der ☽ und der Herr des 1. Hauses mit dem Herrn des 3. Hauses günstig aspektiert sind. Wenn ein glücklicher Planet das 3. Haus besetzt."

Zeichen des Misserfolges sind: „Ungünstige Verbindung zwischen ☽ dem Herrn des 1. Hauses und dem Herrn des 3. Hauses. Ein schlechter Planet im 3. Hause. Der Herr des 1. Hauses rückläufig oder im Stillstand. Der ☽ stark verunglimpft."

Aus der Natur der Stellungen oder schlechten Verbindungen lässt sich auch auf die Art des Misserfolges und dessen nähere Umstände schliessen.

4. Haus.

Diese Fragen betreffen alle Angelegenheiten des festen Besitztumes, Häuser, Landwirtschaft, Ackerbau, Gartenzucht, Bergbau, Kauf oder · Verkauf derselben, Wohnungswechsel, Miete, Pachtverhältnisse, ferner des Vaters, eigenen Heims, des eigenen Alters und der Umstände beim Lebensende, und der Beziehungen zu Mystik und Okkultismus.

1. Kauf und Verkauf.

Der Aszendent und dessen Herr sind der Käufer, das 7. Haus und dessen Herr der Verkäufer. Das 4. Haus

und dessen Herr bedeuten das Haus, Land usw. Das
10. Haus und dessen Herr oder der sich in demselben
befindliche Planet lassen über den Preis schliessen und
zeigen an, ob er zu teuer ist oder regulär.

Wenn der Herr des 1. Hauses und des 7. Hauses in
guten Aspekten zueinander stehen, besonders in Applikation, kann der Handel abgeschlossen werden. Stehen
die beiden Signifikatoren in schlechten Aspekten zueinander, besonders in ☌ und ohne jede Rezeption, dann ver-
zichte man auf den Abschluss des Geschäftes.

Ueber die Güte, Beschaffenheit und Brauchbarkeit
des Kaufobjektes orientiere man sich durch den Planeten
im 4. Hause, dem Zeichen desselben und dessen Herrn.

Wenn im 4. Hause mehrere unglückliche Planeten
stehen und der Herr dieses Hauses rückläufig ist oder
schlecht angeblickt wird, wird man mit dem Kaufobjekt
böse Erfahrungen machen und es nicht lange besitzen.
Wenn aber ♃ oder ♀ im 4. Hause stehen, schliesst man
einen guten Kauf ab (die oben erwähnte günstige Verbindung zwischen den Signifikatoren vorausgesetzt), und
das Besitztum wird in der Familie bleiben und sich lange
vererben.

2. Beim Ankauf eines Hauses, Grundstückes usw.

Man nimmt das erste Haus und dessen Herrn für
den Käufer und als zweiten Signifikator den ☽. Das
7. Haus und dessen Herr gilt für den Verkäufer und das
4. Haus und dessen Herr beurteilt das Kaufobjekt, während
das 10. Haus und dessen Herr über die Kaufsumme resp.
den Wert des Kaufobjekts Schlüsse zulässt.

Wenn nun der Herr des 1. Hauses im 4. Hause steht
oder der Herr des 4. Hauses befindet sich im 1. Hause und
sie sind frei von schlechten Aspekten, oder wenn der
Herr des 1. Hauses in ☌ mit dem Herrn des 4. Hauses
steht oder aber wenn der Herr des 1. Hauses oder der
☽ in guten Aspekten mit dem Herrn des 4. Hauses steht,
dann ist der Kauf günstig und anzuraten. Sind diese
Bedingungen nicht gegeben, ist es besser, vom Kauf abzustehen.

Die günstige Uebereinstimmung zwischen Käufer und
Verkäufer ist aus der Stellung der Herrn des 1. und
7. Hauses zueinander zu ersehen. Wenn sie sich durch
ungünstige Aspekte bestrahlen, wird der Handel Schwierigkeiten haben. Man achte auf die Kraft und Stärke beider
Himmelskörper; es ist daraus zu ersehen, wer bei dem
Geschäft den grösseren Vorteil hat. Wenn der Herr des

1. Hauses der stärkere ist, wird der Käufer den grösseren Vorteil haben, ist aber der Herr des 7. Hauses stärker, so ist der Vorteil auf der Seite des Verkäufers.

Wenn das 4. Haus mit unglücklichen Planeten besetzt ist, stehe man ab vom Kauf. Ist das 10. Haus ungünstig besetzt, dann ist der geforderte Preis zu hoch. Ist der Herr des 4. Hauses betrübt oder sehr schwach, dann ist das Kaufobjekt nicht günstig und keineswegs in bester Verfassung. Wenn aber ♃ oder ♀ im 10. Hause stehen, so ist es das geforderte Geld wert. Wenn der Herr des 10. Hauses an einem guten Orte günstig steht, ist der Preis normal, ist aber der Herr des 10. Hauses in schlechter Stellung, schwach oder ungünstigen Aspekten ausgesetzt, so wird der Verkäufer den Käufer überteuern. Bei all diesen Fragen muss aber die Stellung des Mondes beachtet werden.

3. Pacht und Miete.

Wieder gelten der Aszendent und dessen Herr, sowie der ☽ für den Mieter oder Pächter. Das 7. Haus als auch das 6. Haus und deren Herren stellen den Vermieter oder Besitzer vor. Das 10. Haus und dessen Herr zeigt den Gewinn an und das 4. Haus und dessen Herr das Mietsobjekt und das Ende der Angelegenheit.

Wenn der Herr des 1. Hauses selbst günstig im 1. Hause steht oder im 4., oder umgekehrt, oder wenn im 1. Hause ein glücklicher Planet steht, so ist es günstig, den Vertrag zu machen. Steht aber im 1. Hause ein unglücklicher Planet, so soll man unbedingt auf den Abschluss des Miet- oder Pachtvertrages verzichten.

Wenn der Herr des 7. oder 6. Hauses in diesen Häusern selbst anwesend ist oder sich dort günstige Himmelskörper befinden, wird der Besitzer oder Vermieter beim Wort bleiben, sich sehr anständig verhalten, aber an dem Geschäft grossen Vorteil haben.

Steht im 4. Hause ein glücklicher Himmelskörper und gut aspektiert oder die Herren des 1. und 4. Hauses bestrahlen einander günstig, so wird die ganze Angelegenheit zu beiderseitiger Zufriedenheit enden. Ein unglücklicher Planet im 4. Haus zeigt eine schlechte Beschaffenheit des Miets- oder Pachtobjektes an und lässt auf einen unangenehmen Ausgang schliessen.

4. Für die Vermieter und Besitzer.

Wenn im 1. Hause ein unglücklicher Planet steht, so werden Pächter oder Mieter betrügerisch sein und Anlass zu behördlichem Einschreiten geben. Wenn der unglückliche Planet in schlechten Aspekten mit ☿ steht und in direkter Bewegung, so werden die Pächter oder Mieter das Objekt beschädigen und Teile aus demselben entwenden. Ist der schlecht bestrahlte Planet aber rückläufig, werden Mieter oder Pächter den Vertrag nicht einhalten oder flüchten.

Steht dagegen im Aszendent ein guter Himmelskörper, besonders ♃ oder ♀, so werden die Mieter oder Pächter sehr anständig sein, den Vertrag geordnet einhalten und das Mietsobjekt in keiner Weise schädigen.

5. Ueber Wohnungswechsel.

Das 4. Haus und dessen Herr gilt stets als der Signifikator für das eigene Heim, die Wohnung. Das 1. Haus und dessen Herr ist der Frager und das 7. Haus und dessen Herr repräsentiert die beabsichtigte neue Wohnung. Das 10. Haus und dessen Herr zeigen den Vorteil an, der bei dem beabsichtigten Wohnungswechsel erwächst.

Es gilt als Grundregel, dass alle Angelegenheiten, die mit Landbesitz, Häuser und Baulichkeiten zusammenhängen, stets durch die Eckhäuser der Figur bestimmt werden.

Wenn ♃ oder ♀ im 4. Hause stehen, oder wenn der Herr des 4. Hauses günstig steht und wohl bestrahlt ist, soll man ohne zwingende Not die alte Wohnung nicht wechseln; ebenso, wenn der Herr des 1. Hauses in ☌ mit ♃, ♀ oder ☿ steht, ferner wenn der Herr des 1. Hauses stärker ist als der Herr des 7. Hauses, oder wenn sich unglückliche Planeten im 7. Hause befinden. In allen diesen Fällen ist es gut, zu bleiben und nicht zu wechseln.

Dagegen kann man umziehen, wenn der Herr des 7. Hauses in guten Aspekten mit glücklichen Himmelskörpern steht, oder wenn der Herr des 1. Hauses oder 4. Hauses stark betrübt ist. Ferner, wenn der Herr des 7. Hauses stärker ist als der Herr des 1. Hauses, oder wenn Glückskörper im 7. Hause stehen.

Jeder Wohnungswechsel sollte während des Neumondes gemacht werden (d. h. zwischen Neu- und Vollmond, am besten während des 1. Viertels) und besonders zu jener Zeit, wenn sich der ☽ in einem fixen Zeichen (♉, ♌, ♏, ♒) befindet. Dann werden sich die Umstände so fügen, dass man lange Zeit in der neuen Wohnung bleiben wird.

Das 1. und 2. Haus und deren Herren in schlechten Aspekten zeigt an, dass der Fragesteller in seinem gegen-

wärtigen Aufenthalt arm oder unglücklich ist und wenn
diese Aspekte aus fixen Zeichen kommen, so wird er in
dem gegenwärtigen Aufenthalt niemals Gutes erleben.
Wenn das 4. Haus und dessen Herr in schlechten Aspekten
stehen, so ist das Haus oder die Wohnung, die der Fragesteller innehat, unglücklich für ihn, ungünstig und unge-
sund, und er wird besser daran tun, umzuziehen.

Das 7. und 8. Haus und ihre Herren zeigen, ob der
beabsichtigte Wohnungswechsel günstig ist. Wenn die
Stellungen dieser Signifikatoren kräftiger sind und besser
aspektiert als die des 1., 2. und 4. Hauses und ihrer
Herren, so ist es angezeigt, die Wohnung zu wechseln
und den beabsichtigten neuen Aufenthalt zu wählen.
Wenn aber das 7. und 8. Haus sowie ihre Herren
schlechter bestrahlt und schwächer sind als das 1., 2.
und 4. Haus und deren Herren, so soll man den Umzug
unterlassen.

5. Haus.

Hierher gehören Fragen in Betreff der Kinder, deren
Anzahl und Geschlecht, in Bezug auf Spekulationen,
Wetten, Spiel, Konzerte, Theater und Vergnügungen, Lehrer,
Schulen, Liebesangelegenheiten, Abenteuer, Schwanger-
schaft usw., ganz nach der Bedeutung dieses Hauses.

1. Ob man Kinder erhalten wird.

Für den Frager gilt das 1. Haus und dessen Herr
sowie der ☽ und für die Kinder das 5. Haus.

Wenn der Herr des 1. Hauses im 5. Hause steht
und umgekehrt, oder wenn der ☽ im 5. Hause sich in ☌
mit ♀ oder ♃ befindet, wenn ferner das 1. Haus von
glücklichen Planeten besetzt und solche sich auch in den
fallenden Häusern vorfinden, oder wenn das 5. Haus in
einem wässrigen Zeichen steht, so sind das alles Beweise
für Kindersegen.

Wenn aber der Herr des 1. oder 5. Hauses oder der
☽ in den Zeichen ♌, ♊ oder ♍ stehen, oder wenn die ♀
von der ☉ verbrannt ist oder unglücklich aspektiert durch
♂, ☋ oder ♄, oder aber wenn das 5. Haus mit einem unglücklichen Planeten besetzt ist, dann mögen wohl Kinder
kommen, aber sie werden frühzeitig sterben.

Wenn dagegen die beiden Herren des 1. und 5. Hauses
zueinander in guten Applikationsaspekten stehen und der
☽ oder der Herr des 1. Hauses und 5. Hauses stehen in

fruchtbaren Zeichen, so ist ein zufriedenstellender Kindersegen zu erwarten.

Ist eine Frau der Schwangerschaft ungewiss, so hat man nachzusehen, ob zur Zeit der Fragestellung der ☽ oder der Herr des 1. oder 5. Hauses sich in einem Eckhause in Rezeption mit einem günstigen Planeten befinden, sie hat dann empfangen, besonders wenn der ☽ in einem Eckhause steht, hauptsächlich im 7. Hause. Diese Frage ist im allgemeinen überhaupt nur dann mit Sicherheit bejahend zu beantworten, wenn sich bei obiger Konstellation der ☽ in einem Eckhause zeigt.

Hingegen ist keine Empfängnis eingetreten, wenn die Herren des 1. oder 5. Hauses ungünstig stehen in dem Zeichen ♑ oder in einem Hause des ☿.

2. Die Anzahl und das Geschlecht der Kinder.

Die Zahl der Kinder lässt sich ungefähr ersehen aus der Zahl der Aspekte, welche den Herrn des 5. Hauses bestrahlen.

Ueber die Beurteilung des Geschlechts gelten im allgemeinen folgende Bestimmungen:

a) **Bei männlichen Kindern:** Es müssen der Herr des 1. und 5. Hauses und der ☽ in einem männlichen Zeichen stehen und auch die Zeichen des 1. und 5. Hauses müssen männlich sein. Wenn der Herr des 1. Hauses der ♄, ♃ oder ♂ ist oder der Herr vom 5. Hause die ☉, ☽ oder ♀, so muss man sich an die stärkere Aussage halten mit Berücksichtigung des Mondes.

b) **Bei weiblichen Kindern.** Man benutze dieselben Regeln, nur dass man weibliche Zeichen fordert. Man beachte aber, dass ☿ doppeltgeschlechtlich ist und dass er durch das Geschlecht des Zeichens, in welchem er sich befindet, bestimmt wird.

c) **Zwillinge.** Wenn ♊, ♐ oder ♓ die Spitze des 1. oder 5. Hauses einnehmen, oder wenn sich die Herren dieser Häuser in solchen Zeichen befinden. Auch sehe man, ob ♃, ♀, ☉ oder ☽ in einem doppelkörperlichen Zeichen sich befinden.

3. Allgemeine Zeichen für kurzes Leben der Kinder.

Wenn der Herr des 5. Hauses rückläufig ist oder in ☌ mit der ☉, oder er ist sehr schwach und im 3., 6., 9. oder 12. Hause, oder wenn er in sehr schlechten Aspekten steht im 8. Hause.

6. Haus.

Unter die Bedeutung dieses Hauses fallen alle Fragen über Angestellte, Dienstpersonal, Gesundheitsverhältnisse, Krankheiten, den Ausgang einer Krankheit, die Nahrung, Körperpflege, Arbeitsverhältnisse, Onkel, Tante, Schwiegervater usw.

1. Ueber den Verlauf einer Krankheit.

Das 1. Haus und dessen Herr sowie der ☽ sind die Signifikatoren für den Erkrankten. Das 6. Haus und dessen Herr bedeuten die Krankheit und ihren Verlauf.

Als allgemeine Regel gilt, dass, wenn die Spitze des 6. Hauses von einem gemeinschaftlichen Zeichen wie ♊, ♍, ♐ oder ♓ besetzt ist, die Krankheit von normaler Dauer sein wird. Die Spitze des 6. Hauses in einem fixen Zeichen, wie ♉, ♌, ♍ oder ♒ deutet auf lange Dauer und schwere Heilbarkeit der Krankheit. Wenn sie aber in einem beweglichen Zeichen steht, wie ♈, ♋, ♎ oder ♑, so ist nur auf eine kurze Krankheitsdauer zu schliessen.

Wenn an der Spitze des 6. Hauses die letzten Grade eines Zeichens stehen, wird im Verlaufe der Krankheit rasch ein Wechsel zum Besseren oder Schlimmeren eintreten, schneller, als wenn die Spitze in der Mitte des Zeichens steht. Es wird also dadurch, dass die Spitze des 6. Hauses in den letzten Graden eines Zeichens steht, immer ausnahmsweise schnell die Entscheidung hervorgerufen werden.

Ein gütiger Himmelskörper im 6. Hause deutet darauf, dass die Krankheit bald vorüber sein und vollständig geheilt werden wird. Dasselbe günstige Resultat wird sich ergeben, wenn der Herr des 1. Hauses und der ☽ sich in guter Stellung, schnellerer Bewegung und guten Aspekten befinden.

Unter „Dispositoren" sind jene Himmelskörper verstanden, in deren Würden ein anderer sich befindet. Wenn also ein Himmelskörper sich in den Würden eines anderen befindet, so ist der andere der Dispositor des ersteren. Wenn z. B. die ☉ im Zeichen ♎ steht, so ist die ♀, als die Herrin des Zeichens ♎ der Dispositor zur ☉.-

Wenn nun beide Himmelslichter (☉ und ☽) in fallenden Häusern sind, deren Dispositoren unglücklich stehen und der Herr vom 1. Hause durch ♄ schlecht aspektiert wird, oder der ♄ sich im 6. Hause in einem fixen Zeichen befindet, so deutet das auf eine sehr lange Krankheit, die nur sehr schwer zu heilen ist. Ebenso, wenn der Herr des 1. Hauses im 6. Hause steht, oder der ☽, und sie wären verunglimpft durch schlechte Bestrahlung des Herrn vom 4. oder 6. Hause.

Wenn bei allen diesen Konstellationen der Herr des 9. Hauses in sehr schlechter Verbindung mit dem Herrn des 1. Hauses und den beiden Himmelslichtern steht, besonders wenn der Herr des 8. Hauses ein unglücklicher Planet ist, wird die Krankheit meist mit Tod enden.

Immer, wenn alle Signifikatoren für Krankheit sich in fixen Zeichen befinden, ist auf eine langwierige Krankheit zu schliessen und wenn noch der ☽ von dem Herrn des 8. Hauses in Applikations ☌ oder anderen schlechten Applikationsaspekten getroffen wird, so ist die Krankheit heftigen und meist sehr gefährlichen Charakters, die besonders dann mit Tod endet, wenn noch dazu der Herr des 1. Hauses vom Herrn des 8. Hauses aus einem schlechten Applikationsaspekt getroffen wird.

2. Das Decumbiturhoroskop.

Es ist angezeigt, bei Krankheiten das Decumbiturhoroskop aufzustellen. Wir verstehen darunter ein Horoskop, welches für den Moment berechnet ist, zu welchem ein Erkrankter zu Bette geht.

Die Benutzung dieses Decumbiturhoroskops gestattet die Feststellung der Krisen, die dann eintreten, wenn der ☽ das ∠, □, die ☍ und die ☌ mit seinem eigenen Platz in diesem Horoskop erreicht.

Kommt nun der ☽ im Laufe seines täglichen Vorwärtsschreitens in eine solche Stellung zu seinem eigenen Platz und er wird zu gleicher Zeit von Radix ♃, ♀ oder ☉ aus ✳ oder △ Aspekt getroffen, so wird ein Wechsel zur Besserung eintreten.

Wenn er aber in solchen Stellungen zu seinem eigenen Platz gleichzeitig in ☌ oder schlechten Aspekten mit einem unglücklichen Planeten (☋, ♄, ♂) sich befindet, wird die Krisis sehr ungünstig verlaufen.

Eine eingehendere Darstellung des Decumbiturhoroskops und seiner praktischen Verwendung findet der Leser in Band VIII dieser Kollektion: Medizinische und Herabalastrologie.

3. Die Wahl von Haus- und Geschäftspersonal.

Alle Angestellten, welcher Kategorie sie auch angehören mögen, ob Hauspersonal, im Geschäft Angestellte,

Beamte usw. werden durch das 6. Haus und dessen Herrn vertreten.

Das 1. Haus und dessen Herr, sowie der ☽ repräsentieren den Herrn, die Herrin, Arbeitgeber, Vorgesetzten.

Im allgemeinen gilt, dass nur, wenn der Herr des 6. Hauses wohl aspektiert ist, auf gute brauchbare Angestellte und Dienstpersonal zu rechnen ist. Man vollziehe kein Engagement mit einem Arbeitsuchenden, wenn ein unglücklicher Planet zur Zeit der Fragestellung im 6. Hause steht, oder der Herr desselben ein unglücklicher Planet ist, der sich in ungünstigen Aspekten befindet.

Man nehme Angestellte auf, wenn der Herr des 1. Hauses oder der ☽ in guter Anblickung mit dem Herrn des 6. Hauses stehen und wenn der Herr des 1. Hauses selbst und der ☽ in guten Aspekten zusammenstehen, aber auch, wenn der ☽ oder der Herr des 1. Hauses in Mutualrezeption mit einem starken guten Planeten sich befinden.

Bei einem Engagement von weiblichen Dienstboten achte man hauptsächlich darauf, dass der ☽ im ♉, ♋ oder den ♓ steht und ohne schlechte Aspekte ist. Bei männlichen Dienstboten soll der ☽ im Fragehoroskop in günstiger Stellung in den Zeichen ♊, ♍, ♐ oder ♒ stehen, ohne schlechte Aspekte.

Auf keinen Fall aber engagiere man Personal, wenn der ☽ im Fragehoroskop in den Zeichen ♏ oder ♑ steht.

7. Haus.

Das 7. Haus betrifft Fragen über ernstere Liebes- und Eheangelegenheiten, Teilhaberschaften, Zivilprozesse, über den Grossvater oder die angeheiratete Verwandtschaft, öffentliche Feindschaften usw.

1. Ueber die Ehe.

Der Aszendent und dessen Herr gelten für die zu befragende Person, also für den beabsichtigten Ehepartner.

Bei diesen Fragen sind Co-Signifikatoren nötig, und zwar bei weiblichen Fragern die ☉ und für den zu ehelichenden Teil der ♂. Bei männlichen Fragern gilt der ☽ und für den zu ehelichenden Teil die ♀.

Es kommt hier also bei weiblichen Fragern auf die Verbindung des Herrn des 1. Hauses und der ☉ mit dem

Herrn des 7. Hauses und dem ♂ an. Bei männlichen Fragern muss auf die Verbindungen des Herrn des 1. Hauses mit dem ☽ und der ♀ geachtet werden.

Eine Frage, den Eheschluss betreffend, kann bejaht werden, wenn die beiden Himmelslichter (☉, ☽) sich in guten Aspekten mit ♃, ♀, ♂ oder dem Herrn des 7. Hauses befinden.

Aber auch folgende Konstellationen zeigen die Schliessung der Ehe an: Wenn der Herr des 7. oder 1. Hauses günstig im 5., 7., 10. oder 11. Hause steht. Wenn der Herr des 1. Hauses mit ☽, ♀ oder ♂ im 7. Hause steht oder der Herr des 7. Hauses gleicherweise mit ☽, ♀ oder ♂ im 1. Hause; doch muss man auch sehen, ob sie in starken Würden sind oder stark aspektiert durch einen Glückskörper, auch eventuell mit sehr guten Aspekten der unglücklichen Himmelskörper.

Steht der Herr des 1. Hauses nahe dem 7. Hause, so deutet diese Stellung auf grosse Aengstlichkeit und Vorsicht des Fragestellers in betreff des Eheschlusses.

Gegen einen Eheschluss sprechen ♄, ☋ oder ♂ im 7. oder 1. Hause, oder der Herr des 7. Hauses im 1. Hause und von ihnen schlecht bestrahlt.

Wenn der Herr des 1. Hauses in ☌ mit dem Herrn des 7. Hauses steht, wird eine Ehe jedenfalls stattfinden. Sie wird glücklich oder unglücklich sein, je nach der Natur der betreffenden Signifikatoren. Wird aber diese ☌ durch □ oder ☍ eines noch stärkeren Planeten getroffen, so ist das ein Zeichen der Verhinderung des Eheschlusses.

Gegen die Möglichkeit eines Eheschlusses ist auch eine schlechte Aspektierung der beiden Himmelslichter durch einen bösen Planeten.

Eine ältere, bereits weniger gebräuchliche Regel bestimmt, dass in Ehefragen nur jene Himmelskörper den Co-Signifikator ☽ für männliche Frager und der Co-Signifikator ☉ für weibliche Frager erhalten, die innerhalb 5° vom 1. Hause stehen. Es wird diese Bestimmung praktisch nur mehr wenig verwendet.

Wenn der Herr des 1. Hauses stärker ist als der Herr des 7. Hauses, so wird der Frager von dem Ehepartner sehr geliebt. Wenn zwischen den Herren der beiden Häuser eine Mutualrezeption stattfindet, so wird die Liebe sehr veränderlich sein und schwankend.

Hat der Herr des Aszendenten oder der ☽ eine (bei weiblichen Fragern die ☉) Applikations-☌ oder sonst einen guten Applikationsaspekt zu dem Herrn des 7. Hauses oder dem sich in diesem Hause befindlichen Himmelskörper, so wird die eheliche Verbindung durch die Anstrengungen des Fragers herbeigeführt. Wenn aber dabei eine Translation des Lichtes stattfindet zwischen den beiden Signifikatoren, so wird die Heirat infolge der Intervention einer befreundeten Person zustandekommen, welche der Natur jenes Himmelskörpers entspricht, der das Licht überträgt.

Unbedingt kommt es zum Eheschlusse, wenn die Signifikatoren sich in Eckhäusern befinden und in guten Applikationsaspekten oder Mutualrezeption sowie auch, wenn ☉ und ☽ im Applikationsaspekt miteinander verbunden sind, und kein böser Planet diese Konstellationen durch □ oder ☍ trübt.

Ein gutes Zeugnis für den Eheschluss ist auch der gute Aspekt der ♀ zu einem der Signifikatoren, besonders, wenn sie in einem Eckhause steht und frei ist von schlechten Aspekten böser Planeten. Wenn aber die ♀ schlecht aspektiert ist, so wird die ganze Angelegenheit kein gutes Ende nehmen.

Keinesfalls kann eine Heirat zustandekommen, wenn die Signifikatoren nicht durch gute Aspekte verbunden sind, schlecht bestrahlt werden, in keiner Rezeption mit guten Himmelskörpern stehen und ohne Hilfe bleiben durch die ♀.

Gute Separationsaspekte zwischen allen Signifikatoren schliessen auch eine Heirat aus, besonders, wenn die ♀ verunglimpft ist.

Wenn die Konstellationen widersprechend sind, teils gut und böse, so wird die Heirat verschoben werden.

Wenn die Mehrzahl der Konstellationen auf eine Heirat deuten, ein böser Planet aber hinderlich entgegensteht, so untersuche man jenes Haus, welches von diesem bösen Planet regiert wird. Wenn es z. B. das 3. Haus ist, so werden sich des Fragers Verwandte entgegenstellen. Ist es das 4. Haus, so treten die Eltern des Fragers dazwischen, und wenn es das 2. Haus ist, so werden finanzielle Fragen störend auftreten, usw.

2. Wegen Geschäftsteilhaber- und Partnerschaften.

Die Beurteilung ist ähnlich wie bei Ehefragen. Der Herr des 1. Hauses und der ☽ sind der Frager. Das 2. Haus und der Herr desselben gelten für das finanzielle Vermögen des Fragers. Das 7. Haus und dessen Herr bedeuten den Teilhaber und das 8. Haus repräsentiert des

Teilhabers finanzielle Lage. Das 4. und 10. Haus und deren Herren stellen das zu unternehmende Geschäft vor.

Stehen die Herren des 1. und 7. Hauses oder der ☽ und das 7. Haus in guten Aspekten zueinander, befinden sie sich selbst in guten Aspekten anderer Planeten oder in Mutual-Rezeption mit ihnen, so wird ein gutes gemeinschaftliches Zusammenarbeiten möglich sein.

Wenn sich die Mehrzahl der Planeten in fixen Zeichen befindet, so wird Uneinigkeit herrschen. Wenn sie in Kardinalzeichen stehen, erfolgen Unannehmlichkeiten, Veränderungen, sowie Vertrauensschädigungen. Steht die Mehrzahl der Planeten aber in gemeinschaftlichen Zeichen, so ist Erfolg und ein gutes Einvernehmen zu prognostizieren.

Die Natur der Verhinderungen und Unannehmlichkeiten lässt sich ersehen aus der Natur jener Häuser, die von den verhindernden Himmelskörpern regiert werden und hat man zu entscheiden, welcher von ihnen der stärkste ist — er wird ausschlaggebend sein in den Unstimmigkeiten zwischen den beiden Teilhabern.

3. Zivil-Prozesse.

Auch bei der Frage bezüglich des Ausgangs eines Prozesses gilt das 1. Haus und dessen Herr als der Frager, ebenso der ☽. Das 7. Haus und der Herr des 7. Hauses ist der Prozessgegner. Das 10. Haus und dessen Herr ist der Anwalt. Das 4. Haus und dessen Herr zeigen den Richter und den Ausgang an.

Eine günstige Zusammenstellung der Signifikatoren bringt einen glücklichen Ausgang des Prozesses. Der Frager wird aber unterliegen, wenn ungünstige Aspekte die Signifikatoren verbinden und der Herr des 7. Hauses ein böser Planet und stärker als alle anderen Signifikatoren ist.

Bei allen für Prozesse aufgestellten Stundenhoroskopen achte man auch auf die Stellung des ♃ und darauf, von welchem Himmelskörper das Zeichen ♎ besetzt ist. Diese beiden Konstellationen sind die Zeichen für die Gerechtigkeit und ihre Verletzung durch böse Aspekte und schlechte Planeten sind bei der Prognose zu berücksichtigen.

8. Haus.

Man urteilt hier über alle Fragen des Todes sowie dessen nähere Umstände, Begräbnis, Testament, Erbschaften usw. Ferner über Mitgift der Frau, das Ver-

mögen des Mannes, über Verwaltungen, Vormundschaft,
Geheimnisse in der Familie.

1. Ueber Erbschaften.

Der Herr des 1. Hauses und der ☽ stellen den Frager
vor und das 8. Haus und dessen Herr die zu erwartende
Erbschaft, Legat usw.

Nur dann wird ein günstiges Testament zu erwarten
sein, wenn zwischen den Signifikatoren günstige Verbindungen bestehen und diese selbst sich in guter Anlage
und Bestrahlung befinden.

Sorgfältig müssen auch jene Häuser und ihre Herren
untersucht werden, die ihrer Bedeutung nach dem Testator
entsprechen, so z. B. das 4. Haus dem Vater, das 3. Haus
den Geschwistern, das 10. Haus der Mutter, das 6. Haus
dem Onkel oder der Tante, das 7. Haus dem Grossvater usw.

Auch zwischen dem Herrn sowie der Besetzung des
betreffenden Testatorhauses und den anderen Signifikatoren muss volle Uebereinstimmung herrschen. Ent-
erbungen zeigen sich durch schlechte Bestrahlungen der
Signifikatoren untereinander und durch die störende
Verhinderung ungünstiger Planeten, die durch schlechte
Aspekte die Signifikatoren beherrschen.

Aus der Bedeutung der Häuser, in welchem sich
jene störenden Planeten befinden, kann man auf die Personen urteilen, die störend auf eine günstige Testaments-
abfassung einzugreifen imstande sind.

9. Haus.

Aus diesem Hause sind alle Fragen über längere
Reisen, Auswanderungen, Wissenschaft und Religion, Kunst,
moralische Entwicklung usw. zu beurteilen.

1. Lange Reisen.

Das 1. Haus, dessen Herr und der ☽ repräsentieren
den Frager. Das 9. Haus und dessen Herr sind für die
Frage.

Wenn der ☽ oder der Herr des 9. Hauses in diesem
Hause selbst stehen, dann wird die Reise günstig sein
und kann sie unternommen werden.

Wenn aber der Herr des 1. Hauses oder der ☽ ungünstig mit dem Herrn des 9. Hauses verbunden ist, oder

wenn die Signifikatoren sehr schlecht bestrahlt sind, soll man die Reise vermeiden.

Bei einer Seereise soll ein wässriges Zeichen an der Spitze des 9. Hauses stehen. Ist das Zeichen aber unglücklich bestrahlt, ist die Seereise nicht anzuraten.

Der Herr des 9. Hauses in guten Aspekten zur ☉ oder in einem Eckhause stehend, ist ein gutes Reisezeichen. Ist der Herr des 9. Hauses aber von ♄ bestrahlt, kann die Reise nicht angeraten werden.

Wenn die Reise glücklich sein soll, muss also der Herr des Aszendent stark und in guten Aspekten mit dem Herrn des 9. Hauses oder einem guten Himmelskörper, der im 9. Hause steht,. verbunden sein und ausserdem soll der Herr des 9. Hauses selbst sich in guter Position befinden.

Stehen aber im 9. Hause ♄ und ♂ und speziell wenn dieselben in schlechten Aspekten stehen mit dem Herrn des 1. Hauses oder dem ☽, so soll man die Reise unterlassen.

Der ☽ im 9. Hause und sehr schlecht aspektiert, ist ein Zeichen von Gefahr und Verlust auf der Reise. Dagegen ist ein gütiger Himmelskörper im 10. oder 4. Hause günstig für die Reise.

Wenn das 4. Haus oder dessen Herr in schlechter Stellung und schlecht aspektiert stehen, so wird die Reise ungünstig enden.

2. Niederlassung in fernen Orten oder Ländern.

Man vermeide Länder und Orte, deren Zeichen von bösen Planeten besetzt sind. Im Band II Astrologische Kollektion, Seite 247, sind die Länder und grösseren Städte der Erde mit den ihnen zugehörigen Zeichen angeführt.

Man soll keinesfalls seinen gegenwärtigen Aufenhaltsort verlassen, wenn die Herren des 9., 10. und 2. Hauses ungünstig mit dem Herrn des 1. Hauses oder dem ☽ verbunden sind und wenn sie selbst ungünstig stehen oder sich in schlechten Aspekten mit bösen Planeten befinden.

10. Haus.

Hierher gehören alle Fragen in Bezug auf Beschäftigung, Beruf, Unternehmungen, Ehren, Ruhm, Macht, öffentliche Erfolge, die Mutter usw.

1. In Bezug auf Erlangung einer Anstellung, eines Dienstes oder Amtes.

Das 1. Haus und dessen Herr sowie der ☽ bedeuten den Frager, das 10. Haus und dessen Herr das betreffende Amt oder Geschäft.

Wenn die Herren des 1. und 10. Hauses und ☉ und ☽ gut miteinander aspektiert sind, in Mutualrezeption und kräftig, so wird der Frager die Anstellung, die er sucht, sicher erhalten.

Der Herr vom 10. Hause im 1. Hause stehend und in guten Aspekten mit dem Herrn vom 1. Hause oder dem ☽ bedeutet Erfolg bei der Bewerbung um eine Stellung. Ebenso, wenn der Herr vom 1. Hause in günstiger Anlage und gut aspektiert sich im 10. Hause befindet. Ein gleich gutes Zeugnis für den Erfolg ist der ☽, wenn er sich in Separation vom Herrn des 10. Hauses befindet und in Applikation zum Herrn des 1. Hauses. Zum Erfolg helfend wirkt auch ein günstiger Himmelskörper aus einem Eckhause in gutem Aspekt mit dem Herrn des 1. Hauses, oder der Herr des 4. Hauses mit ihm gut aspektiert.

Ungünstige Planeten, wenn sie stark sind, in guter Anlage und in guten Aspekten mit dem Herrn des 1. Hauses bringen auch Erfolg, aber mit Schwierigkeiten und Verzögerungen, während die günstigen Himmelskörper eine rasche Erledigung nach sich ziehen.

Wenn ein schlechter Planet mit dem Herrn des 1. Hauses günstig verbunden ist, oder mit einem Himmelskörper im 1. Hause oder dem ☽ und ohne Rezeption, wird die erwartete Stellung nicht zu erlangen sein.

2. In Bezug auf die Art des günstigsten Berufes.

Das 10. Haus und dessen Herr weisen auf die Natur des Geschäftes.

Feurige Zeichen weisen auf Berufsarten, die in Verbindung mit Licht und Feuer, Blut und Waffen oder Metallen stehen, auch auf den ärztlichen und chirurgischen Beruf, Ingenieurwesen, Forschungen, Waffenhandlungen.

Wasserzeichen repräsentieren alle Berufsarten, die mit Wasser oder Flüssigkeiten in Verbindung stehen, wie Brauer, Schiffer, Fischer, Milchhändler, Weinhändler usw.

Irdische Zeichen zeigen Berufsarten an, die mit Landwirtschaft, Baulichkeiten, Gruben, Erdarbeiten usw. zu tun haben, wie alle Handarbeiter, Gärtner, Bauleute, Bergleute, Maurer usw.

Luftige Zeichen weisen auf Berufsarten mit intellektuellem Charakter, wie Juristen, Kaufleute, Maler, Buchhändler u. ä.

Zu dem Zeichen des 10. Hauses muss auch dessen Herr beachtet werden, in welchem Zeichen er steht und die Aspekte, die er von anderen Planeten erhält. Man muss auch untersuchen, welcher Himmelskörper zuerst von dem Herrn des 1. Hauses oder dem ☽ einen guten Aspekt erhält und wie dieser Planet zum Herrn des 6. Hauses, dem Hause der Arbeit steht, ebenso zum Herrn des 2. Hauses betreffs des finanziellen Resultats.

Wenn das ⊕, der ♃ oder die ♀ im 10. Hause stehen, ist dem Frager zu prognostizieren, selbständig ein Geschäft zu unternehmen; keinesfalls aber, wenn das ⊕ oder einer der beiden guten Planeten im 10. Hause in schlechten Aspekten steht durch den Herrn des 1. Hauses oder den ☽.

Bei Berufsarten, die eine höhere Anforderung an den Intellekt stellen, wie z. B. beim Kunstgewerbe, ist der Einfluss des Herrn des 9. Hauses sowie des ♀ mit den obigen Bestimmungen zu vermischen.

3. Wird der Frager in seinem Geschäft, Amt oder Beruf bleiben?

Der ☽ im 10. Hause und wohl aspektiert oder in guten Aspekten mit dem Herrn des 10. Hauses oder einem gütigen Himmelskörper in demselben zeigt, dass der Frager in seiner beruflichen Stellung bleiben wird.

Fixe Zeichen an der Spitze des 1. und 10. Hauses sind günstig, bewegliche aber ungünstig für die Frage nach dauerndem Verbleib in einer Stellung.

Wenn der Herr des Aszendenten in einem fallenden Hause, einem beweglichen Zeichen und in schlechter Bestrahlung steht, wird der Frager schwerlich seinen Beruf oder seine Anstellung dauernd festhalten können.

11. Haus.

Hierher gehören Fragen über Freundschaftsschluss, Protektion, Gönnerschaften usw., ganz nach der Bedeutung dieses Hauses.

1. Ueber Freundschaftsschluss.

Das 1. Haus und dessen Herr sowie der ☽ repräsentieren den Frager. Das 11. Haus, dessen Herr und die Planeten in demselben stellen den Freund vor.

Wenn die Herren vom 1. Haus und 11. Haus in guten Aspekten zusammenstehen, wird die Freundschaft günstig sein und kann abgeschlossen werden. Im entgegengesetzten Falle vermeide man den Verkehr mit der betreffenden Person. Es muss auch die Stellung des ☿ zu den Signifikatoren beachtet werden. Auch wenn der ☽ günstig zum Herrn des 11. Hauses steht, ist ein Freundschaftschluss unbedenklich.

12. Haus.

Alle Fragen über Strafprozesse, Feindschaften, Krankenhäuser, Irrenhäuser, Gefangenenhäuser, Waisenhäuser, Klöster, Gewalttaten, Unglücksfälle, Verbrechen, Absonderung, Verlassenheit, die Schwiegermutter usw. werden von diesem Hause aus beurteilt.

1. In Bezug auf Strafprozesse (Kriminalsachen).

Das 1. Haus und dessen Herr sowie ☽ stellen den Frager vor. Das 12. Haus und dessen Herr gelten für den Prozessgegner oder die Anklage. Das 10. Haus und dessen Herr ist der Anwalt und das 4. Haus und dessen Herr verkünden den Ausgang des Prozesses.

Man hat auch hier (wie bei Zivilprozessen) auf die Stellung des ♃ zu achten und dem sich im Zeichen ♎ befindlichen Himmelskörper, welche die Gerichtsbehörde vorstellen.

Ist die Zusammengestirnung aller Signifikatoren eine günstige, so kann ein glücklicher Ausgang des Prozesses prognostiziert werden, besonders wenn der Herr des 4. Hauses sehr günstig steht und sich in guten Aspekten mit glücklichen Himmelskörpern befindet oder ein solcher selbst im 4. Hause anwesend ist.

Es wird aber ein schlechter Ausgang des Prozesses werden, wenn sich die Signifikatoren mit ungünstigen Aspekten gegenseitig verbinden und wenn dabei der Herr des 12. Hauses ein böser Planet ist und das 4. Haus sich als schlecht besetzt erweist oder dessen Herr von dem Herrn des 12. Hauses schlecht bestrahlt wird.

Steht bei solchen Konstellationen das 12. Haus in einem fixen Zeichen, wird das Urteil eine lange Kerkerstrafe bringen; steht es aber in einem beweglichen Zeichen, so wird die Strafe nur von kurzer Dauer sein.

Aus der Stellung des ♃ und seiner Aspekte sowie des Himmelskörpers im Zeichen ♎ lässt sich auf die Milde oder Strenge des Richters schliessen.

2. Ueber Feindschaften.

Der Herr des 1. Hauses und der ☽ sind der Frager, der Herr des 12. Hauses der Feind.

Wenn ungünstige Planeten im 12. Hause stehen, wird die Feindschaft viel Sorge und Kummer bereiten. Feindschaften zeigen sich in der ungünstigen Bestrahlung der Signifikatoren untereinander. Wenn die Signifikatoren für den Frager stärker sind als der Signifikator des Feindes, wird der Frager siegen, im umgekehrten Falle siegt der Feind über den Frager.

Die Art der Feindschaft lässt sich aus dem Zeichen der Spitze des 12. Hauses, sowie aus dem Zeichen und dem Hause ersehen, in welchem der Herr des 12. Hauses steht.

---

6. Das Messen der Zeit des Eintreffens der Geschicke.

Durch Berechnung des Bogens, der zwischen den Signifikatoren und den Bestrahlungen derselben durch andere Himmelskörper besteht, lässt sich ungefähr die Zeit des Eintreffens der durch diese Konstellationen bedingten Geschicke feststellen.

Die Konstellationen müssen wie bei den Direktionen aufgefasst werden, und zwar ist der eine Himmelskörper der Signifikator und der andere der Promissor. Der Signifikator wird zum Promissor hingeführt. Wenn die Direktion ☽ □ ♃ zeigt, so ist das in diesem Sinne aufzufassen, dass man untersucht, wieviel Grade hat der ☽ als Signifikator zu durchwandeln, um in das exakte □ des ♃ zu gelangen. Diese Grade werden folgenderart in Zeit umgesetzt:

1. Wenn der Promissor (also jener Himmelskörper oder jene Aspektstelle eines Himmelskörpers, zu welchem der Signifikator hingeführt werden soll) in einem **Eckhause** (10., 1., 4. oder 7. Haus) steht.

Ist der Promissor in einem b e w e g l i c h e n Zeichen
(♈, ♋, ♎, ♑), so wird für jeden Grad ein Tag genommen.

Ist der Promissor in einem g e m e i n s c h a f t-
l i c h e n Zeichen (♓, ♊, ♍, ♐), so wird für jeden Grad
eine Woche genommen.

Ist der Promissor in einem f i x e n Zeichen (♒, ♉,
♌, ♏), so wird für jeden Grad ein Monat genommen.

2. Wenn der Promissor in einem **nachfolgenden**
Hause steht, (11., 2., 5. oder 8. Haus):

Ist der Promissor in einem b e w e g l i c h e n Zeichen,
so wird für jeden Grad eine Woche genommen.

Ist der Promissor in einem g e m e i n s c h a f t-
l i c h e n Zeichen, so wird für jeden Grad ein Monat genommen.

Ist der Promissor in einem f i x e n Zeichen, so wird
für jeden Grad ein Jahr genommen.

3. Wenn der Promissor in einem **fallenden Hause**
(12., 3., 6. oder 9. Haus) steht:

Ist der Promissor in einem b e w e g l i c h e n Zeichen,
so gilt jeder Grad für einen Monat.

Ist der Promissor in einem g e m e i n s c h a f t l i c h e n
Zeichen, so gilt jeder Grad für ein Jahr.

Ist der Promissor in einem f i x e n Zeichen, so ist
das Zeitmass unbestimmt, jedenfalls von sehr langer
Dauer.

Führen wir einige Beispiele durch. In einem Stundenhoroskop würde sich die ☉ im 1. Hause in 6° 14′ ♊
und der ☽ im 7. Hause in 18° 45′ ♐ befinden. Die Direktion wäre ☉ zu ☍ ☽. Die ☍ des ☽ fällt in das 1. Haus
auf 18° 45′ ♊, welches die Promissorstelle ist. Die ☉ als
Signifikator hat bis zur Promissorstelle einen Bogen von
12° 31′ zu durchwandeln. Da die Promissorstelle im
1. Hause, also in einem Eckhause und in einem gemeinschaftlichen Zeichen (♊) steht, so wird laut obiger Tabelle
für jeden Grad eine Woche genommen, das sind 12¹/₂
Wochen, also ungefähr 88 Tage. Diese Zeit zum Datum
der Fragestellung hinzugerechnet, ergibt die Zeit des
Eintreffens des Ereignisses.

Im selben Horoskop findet sich ♀ ✶ ♃. Die ♀ steht
im 2. Hause in 16° 5′ ♌. Der ♃ steht in 22° 10′ ♎ und
wirft auf 22° 10′ ♌ in das 2. Haus seinen ✶ Aspekt. Der
Bogen der ♀ bis zur exakten Sextilstelle des ♃ ist 6° 5′.
Da die Promissorstelle in einem nachfolgenden Hause
(2. Haus) und in einem fixen Zeichen (♌) steht, so haben
wir für jeden Grad ein Jahr zu rechnen. Da in diesem

Verhältnis 5′ gleich 1 Monat sind, so wird die Auslösung dieses Ereignisses noch 6 Jahre 1 Monat nach dem Tage der Fragestellung auf sich warten lassen.

Bezüglich der B e w e r t u n g d e r H ä u s e r ist aber zu beachten, dass die Einteilung, nach welcher das 1., 4., 10. und 7. Haus Eckhäuser usw. sind, im Stundenhoroskop nur für den Fragesteller gilt. F ü r d a s O b j e k t d e r F r a g e v e r s c h i e b e n s i c h d i e s e V e r h ä l t n i s s e , w e i l i n d e m s e l b e n H o r o s k o p , w e n n e s v o m O b j e k t d e r F r a g e s t e l l u n g a u s b e u r t e i l t w i r d , j e n e s H a u s z u m A s z e n d e n t e n b e f ö r d e r t w i r d , d e s s e n N a t u r d e r F r a g e s t e l l u n g e n t s p r i c h t . Wenn sich also die Fragestellung um ein Kind handelt, das verloren gegangen ist, so gilt wohl der Aszendent des für diese Frage errichteten Horoskops für den Fragesteller, aber das 5. Haus wird im selben Horoskop zum Aszendenten für das Kind. Vom Standpunkt des Objektes der Frage ist also das 5. Haus ein Eckhaus, das 6. ein nachfolgendes, das 7. Haus ein fallendes usw. Macht man nun eine Direktion in Bezug auf das Schicksal des Kindes, also mit dem Herrn des 5. Hauses, so wird man auf diese Verschiebung der Häuserbewertung Rücksicht nehmen müssen.

Um E n t f e r n u n g e n u n d H i m m e l s r i c h t u n g e n abzuschätzen, bedient man sich folgender Bestimmungen:

In den K a r d i n a l z e i c h e n (oder beweglichen, ♈, ♋, ♎ und ♑) wird jeder Grad mit 2 Meilen bemessen.

In den g e m e i n s c h a f t l i c h e n Zeichen gilt jeder Grad für 1 Meile.

In den f i x e n Zeichen wird jeder Grad für ¼ Meile berechnet.

Die Himmelsrichtung für das 1. Haus ist Ost, für das 2. Haus Ostnordost, das 3. Haus Nordost, das 4. Haus Nord, das 5. Haus Nordnordwest, das 6. Haus Nordwest, das 7. Haus West, das 8. Haus Westsüdwest, das 9. Haus Südwest, das 10. Haus Süd, das 11. Haus Südsüdost, das 12. Haus Südost.

7. Die Gestirnstunden.

Es wurde schon erwähnt, dass die Gestirnstunde für die Wahl der günstigen Zeit eines Unternehmens aber auch für jede Fragestellung von grosser Wichtigkeit ist.

Jeder Augenblick wird von gewissen astralen und tattwischen Einflüssen beherrscht, deren Unkenntnis eben in sehr vielen Fällen die Hauptursache aller Misserfolge, Missgeschicke und verhängnisvollen Irrtümer ist.

Sowohl über die Gestirnstunden als auch die astralen und tattwischen Einflüsse findet der Leser in dem Werke „Tattwische und astrale Einflüsse" von Karl Brandler-Pracht (Linser-Verlag, Berlin-Pankow) erschöpfende Belehrung.

Die Gestirnstunden sind keineswegs gleichmässig je eine Stunde lang, sondern entsprechen der natürlichen Länge des Tages und der Nacht; sie werden also, je nach der Jahreszeit, kürzer oder länger als eine Stunde dauern. Der natürliche Tag reicht von Sonnenaufgang bis Sonnenuntergang und die natürliche Nacht von Sonnenuntergang bis Sonnenaufgang.

Die Zeit des Sonnenaufgangs hängt von der geographischen Position des betreffenden Ortes ab, denn die Sonne geht nicht an allen Orten zu gleicher Zeit auf und unter.

Die Zeiten des Sonnenaufganges und des Unterganges sind aus dem erwähnten Werke „Tattwische und astrale Einflüsse" leicht zu entnehmen, da dieses Werk Tafeln für den Auf- und Untergang der Sonne für jeden Tag des Jahres und für die geographischen Breiten von 47° 30′ bis 55° in Ortszeit aufweist.

Diese in Ortszeit gegebenen astronomischen Angaben müssen aber erst in Mitteleuropäische Zeit (M. E. Z.) umgewandelt werden.

Die Umrechnung von Ortszeit in Mitteleuropäische Zeit geschieht dadurch, dass man den Unterschied zwischen der östlichen Länge des Normalmeridians und der östlichen Länge des betreffenden Ortes (von Greenwich) sucht und diesen Unterschied von der Ortszeit in Abzug bringt, wenn die östliche Länge des Ortes grösser ist als die östliche Länge des Normalmeridians, oder den Unterschied zur Ortszeit hinzuzählt, wenn die östliche Länge des Ortes kleiner ist als die östliche Länge des Normalmeridians.

Die Angaben dieser Tafeln sind in Ortszeit. Man kann darin für jeden Tag einer langen Reihe von Jahren, ungefähr von 1850 bis 1950 für jeden Ort den Sonnenaufgang und -untergang bestimmen, nur muss man sich die Polhöhe resp. geographische Breite des betreffenden Ortes feststellen.

Diese Tabellen sind z. B. für das erste Viertel des 20. Jahrhunderts berechnet; innerhalb dieses Zeitraumes werden die Angaben derselben nur in sehr seltenen Fällen um mehr als eine Minute fehlerhaft sein. Wenn man indessen einen Fehler von zwei vollen Minuten als zulässig betrachten will, wird die Tafel sogar bis reichlich über die Mitte des Jahrhunderts hinaus benutzt werden können. — Um die bequeme Brauchbarkeit der Tafel auch noch für das letzte Jahrzehnt des 19. Jahrhunderts zu sichern, war es, wegen des Ausfalles des Schalttages im Jahre 1900, unvermeidlich, die Tage, auf welche die Angaben der Tafel sich jedesmal beziehen, doppelt zu benennen. Es geschah dies in der Weise, das zwei nebeneinander stehende Datumspalten eingerichtet wurden, so dass man, um einen Sonnenaufgang oder -untergang, in einem der Jahre vor 1900 zu finden, wie auch die betreffende Ueberschrift angibt, das gegebene Datum in der l i n k e n Datumspalte aufzusuchen hat, in der r e c h t e n dagegen, wenn es sich um eins der Jahre n a c h 1900 (das Jahr 1900 selbst der Einfachheit halber mit eingeschlossen) handelt.

Demnach ergibt die Tafel beispielsweise für den 20. März 1893 als Zeit des Sonnenaufgangs 6 Uhr 4 Min., für den 20. März 1909 dagegen 6 Uhr 7 Min.

Bekanntlich ereignet sich ein Sonnenaufgang, und ebenso ein Sonnenuntergang, abgesehen von den Zeiten der Tag- und Nachtgleiche, nicht für alle Orte der Erde zu gleicher Zeit, sondern es kommen hierbei, je nach der geographischen Breite oder Polhöhe, in welcher die gegebenen Orte liegen, zu gewissen Zeiten sehr bedeutende Unterschiede vor. In Berücksichtigung dieses Umstandes gibt die Tafel den Sonnenaufgang und Sonnenuntergang für jeden Tag in 16 verschiedenen nebeneinander stehenden Spalten für ebenso viele, je einen halben Grad von einander entfernte Breitenkreise, welche zwischen den Polhöhen 47° 30′ und 55° 0′ als äussere Grenzen gelegen sind.

Die Tafel umfasst also das ganze Gebiet des Deutschen Reichs. Für einen beliebigen Ort innerhalb desselben findet man die gesuchten Zeitangaben, indem man mit seiner Polhöhe oder geographischen Breite, die man hinlänglich genau aus einer guten Karte entnehmen kann, diejenige Spalte aufsucht, welche derselben am nächsten entspricht. Man kann auch, um genauer zu verfahren, in solchen Fällen, wo die Polhöhe des gegebenen Ortes zwischen zwei unmittelbar in der Tafel vorkommenden Polhöhen liegt, mit Hülfe des Unterschiedes der für diese beiden Polhöhen gegebenen Auf- oder Untergangszeiten einerseits und des Unterschiedes der Polhöhe des gegebenen Ortes und der nächsten Polhöhe der Tafel andererseits die Angabe der letzteren entsprechend verbessern.

Beispielsweise werde der Sonnenuntergang in Bonn am 30. April 1903 gesucht. Die Polhöhe von Bonn ist 50° 44′. Nach der Tafel tritt am 30. April in einem der Jahre nach 1900 Sonnenuntergang ein: Für die Polhöhe 50° 30′ (Spalte 7) um 7 Uhr 15 Min. und für die Polhöhe 51° 0′ (Spalte 8) um 7 Uhr 17 Min., also in Bonn, dessen Polhöhe nahezu in der Mitte zwischen 50° 30′ und 15° 0′ liegt, um 7 Uhr 16 Min.

Ferner war darauf Bedacht zu nehmen, dass im **Schaltjahre** der Februar einen Tag mehr als in den Gemeinjahren zählt. Der Einrichtung der Tafel gemäss wird der genannte Umstand in der Weise berücksichtigt, dass man in dem Falle, wo der Sonnenaufgang oder -untergang im Januar oder Februar eines Schaltjahres gesucht wird, von dem gegebenen Datum zunächst einen Tag abzieht und dann die gesuchten Zeitangaben für den so um 1 verminderten Tag aus der Tafel entnimmt.

Wird z. B. der Sonnenaufgang für den 27. Januar des Schaltjahres 1896 gesucht, so gibt zunächst 27 — 1 den 26. Januar; wir gehen also mit dem 26. Januar in die linke Datumspalte (vor 1900) ein und finden damit für die Polhöhe 47° 30′ (Spalte 1) als Zeit des Sonnenaufgangs 7 Uhr 36 Min., welche aber in diesem Falle für den 27. Januar gilt. — Als Sonnenuntergang des 29. Februar des Schaltjahres 1904, um noch ein Beispiel anzuführen, gibt die Tafel neben dem 29 — 1 = 28. Februar der rechten Datumspalte (nach 1900) für die Polhöhe 51° 0′ (Spalte 8) 5 Uhr 36 Min.

Für die übrigen Monate März bis Dezember findet ein Unterschied in dem Gebrauch der Tafel in Bezug auf Gemeinjahre oder Schaltjahre nicht statt.

Wenn die Erde einen Umlauf um die Sonne in ihrer Bahn vollendet hat, also wenn sie wieder an demselben Orte ihrer Bahn angekommen ist, dann ist ein Jahr vergangen. Die Erde hat also in annähernd 365 Tagen ihre Bahn durchlaufen. Diesen Zeitraum nennt man ein **gemeines Jahr.** Zum vollen Umlauf der Erde fehlt aber noch ein Bogen, den sie in 6 Stunden durchfliegt. Da sich aber dieser Bruchteil in 4 gemeinen Jahren zu 1 Tag vergrössert, so rechnet man jedes 4. Jahr zu 366 Tagen, und ein solches Jahr heisst ein **Schaltjahr.** In einem Schaltjahr hat also der Februar 29 Tage. Das Julianische Jahr hatte demnach genau 365 Tage 6 Stunden.

Da man aber als Grenzpunkt für den jedesmaligen Umlauf der Erde in ihrer Bahn den Frühlingspunkt betrachtet, mit welchem die natürlichen Jahreszeiten in Verbindung stehen, so enthält das Jahr 365 Tage, 5 Stunden, 48 Minuten, 46 Sekunden. Dadurch ergaben sich bei der Julianischen Zeitrechnung allmählich Abweichungen. Unter Papst Gregor XIII. berechneten einige Astronomen die Grösse dieser Abweichungen, auf deren Grundlage Papst Gregor anordnete, dass im Jahre 1582 unmittelbar nach dem 4. Oktober der 15. Oktober gerechnet werden sollte, und dass unter den Sekulärjahren nur die Jahre 1600, 2000, 2400 usw. als Schaltjahre, die übrigen Säkularjahre wie 1500, 1700, 1800, 1900, 2100 usw. aber als gemeine Jahre anzusehen sind.

Gemäss der Anordnung dieses neuen oder Gregorianischen Kalenders sind also alle durch 4 teilbaren Jahre auch S c h a l t j a h r e , alle anderen Jahre, sowie jene, deren zwei letzten Ziffern 00 sind (mit Ausnahme von 2000, 2400 usw.) aber g e m e i n e Jahre.

Die nachstehende Tabelle zeigt die

S c h a l t j a h r e

1820	1824	1828	1832	1836	1840	1844
1848	1852	1856	1860	1864	1868	1872
1876	1880	1884	1888	1892	1896	1904
1908	1912	1916	1920	1924	1928	1932
1936	1940	1944	1948	1952	1956	1960

usw.

Hat man mit Hilfe dieser Tafeln einen Sonnenaufgang und -untergang festgestellt, so muss die Zeit auf M. E. Z. umgewandelt werden.

Will man jetzt für einen bestimmten Zeitpunkt dieses Tages den herrschenden Himmelskörper bestimmen, d. h. erfahren, in welche Gestirnstunde die gegebene Zeit fällt, so geht man folgender Art vor:

Zuerst wird die Zeit berechnet, die zwischen dem betreffenden Sonnenaufgang und Sonnenuntergang liegt. Diese Zeit wird durch 12 geteilt und man erhält in dem Resultat die Dauer einer sogenannten Gestirnstunde.

Wir wollen z. B. wissen, welche Gestirnstunde auf den 11. Februar 1864 um 10 Uhr 15 Min. vormittags in Wien fiel. Wir sehen in den vorerwähnten Tafeln nach. Die geographische Breite von Wien ist 48° 12′. Wir finden in dieser Tabelle am 11. Februar 1864 für die Polhöhe von 48° den Sonnenaufgang um 7 Uhr 15 Min. früh und den Sonnenuntergang um 5 Uhr 15 Min. nachmittags. Hier ist eine Umrechnung in M. E. Z. nicht zu machen, da im Jahre 1864 diese Zeit noch nicht eingeführt war und die Angaben der Tafeln sich auf Ortszeit beziehen. Es ist nun die Zeit von 7 Uhr 15 Min. früh bis 5 Uhr 15 Min. nachmittags zu berechnen.

$$
\begin{array}{llll}
\text{Mittags 11. 2.} & = & \text{12 Uhr} & \text{0 Min.} \\
- \odot \text{ Aufgang} & = & \text{7 Uhr} & \text{15 Min.} \\
\hline
& & \text{4 Std.} & \text{45 Min.} \\
+ \odot \text{ Untergang} & = & \text{5 Uhr} & \text{15 Min.} \\
\hline
& & \text{10 Std.} & \text{0 Min.}
\end{array}
$$

d. i. gleich 10 Stunden $\times$ 60 = 600 Min. Wenn man diese 600 Min. durch 12 teilt, so kommen 50 Min. auf eine sogenannte „Gestirnstunde".

Die Beherrschung der Gestirnstunden während der Tageszeit (also zwischen Sonnenaufgang und Sonnenuntergang) hängt, wie eingangs erwähnt, von dem betreffenden Tag der Woche ab und ist in folgender Tabelle übersichtlich dargestellt.

Der 11. Februar 1864 war ein Donnerstag. Wir berechneten, dass die Sonne um 7 Uhr 15 Min. morgens aufgegangen war und jede Gestirnstunde 50 Min. dauerte. Die 1. Gestirnstunde beginnt mit Sonnenaufgang. Zählen wir je 50 Min. dazu, so haben wir um 8 Uhr 5 Min. den Beginn der 2., um 8 Uhr 55 Min. den Beginn der 3., um 9 Uhr 45 Min. den Beginn der 4., um 10 Uhr 40 Min. den Beginn der 5. Gestirnstunde usw.

Tag

Stunden	Sonntag		Montag		Dienstag		Mittwoch		Donnerstag		Freitag		Sonnabend	
	Tagzeit	Beherrschung	Tagzeit	Beherrschung	Tagzeit	Beherrschung	Tagzeit	Beherrschung	Tagzeit	Beherrschung	Tagzeit	Beherrschung	Tagzeit	Beherrschung
1		☉		☽		♂		☿	7 U. 15 M.	♃		♀		♄
2		♀		♄		☉		☽	8 U. 5 M.	♂		☿		♃
3		☿		♃		♀		♄	8 U. 55 M.	☉		☽		♂
4		☽		♂		☿		♃	9 U. 45 M.	♀		♄		☉
5		♄		☉		☽		♂	10 U. 35 M.	☿		♃		♀
6		♃		♀		♄		☉	11 U. 25 M.	☽		♂		☿
7		♂		☿		♃		♀	12 U. 15 M.	♄		☉		☽
8		☉		☽		♂		☿	1 U. 5 M.	♃		♀		♄
9		♀		♄		☉		☽	1 U. 55 M.	♂		☿		♃
10		☿		♃		♀		♄	2 U. 45 M.	☉		☽		♂
11		☽		♂		☿		♃	3 U. 35 M.	♀		♄		☉
12		♄		☉		☽		♂	4 U. 25 M.	☿		♃		♀

Um 10 Uhr 15 Min. vorm. am 11. Februar 1864 war die 4. Gestirnstunde im Lauf, die mit 9 Uhr 45 Min. begann und mit 10 Uhr 35 Min. endete, diese Gestirnstunde wurde nach obiger Tabelle vom ♃ regiert.

Wir wollen nun nachsehen, welche Gestirnstunde am 21. April 1873 um 4 Uhr 5 Min. nachts für eine Polhöhe von 49° 51′ vorherrschend war. Die Tabellen zeigen für eine Polhöhe von 50° am 20. April den Sonnenuntergang um 7 Uhr 0 Min., fernerden Sonnenaufgang am 21. April um 4 Uhr 57 Min. Die fragliche Zeit, 4 h 5 Min. nachts, fällt noch vor den Sonnenaufgang des 21. April, also zwischen Sonnenuntergang vom 20. und Sonnenaufgang vom 21. April; es ist daher Nachtzeit. In den Tabellen sind die Polhöhen nur von 30 zu 30 Min. angegeben; 40° 51′ gehört daher zu 50°. (40° 17′ z. B. wäre zu suchen unter 40° 30′, ebenso 49° 42′, dagegen würde man 49° 5′ unter 49° finden).

Wir berechnen die Zeit, die zwischen dem Sonnenuntergang des 20. April und dem Sonnenaufgang des 21. April liegt.

Mitternacht =	12 Uhr	0	Min.
—Sonnenuntergang am 20. April 1873 =	7 Uhr	0	Min.
Von ☉ Untergang bis Mitternacht =	5 Std.	0	Min.
+ Sonnenaufgang am 21. April 1873 =	4 Uhr	57	Min.
	9 Std.	57	Min.

Vom ☉ Untergang am 20. April bis zum ☉ Aufgang am 21. April vergehen also 9 Stunden 57 Min., die der

Nachtzeit entsprechen und gleich dem Tag in 12 gleiche Teile, die Nachtgestirnstunden, eingeteilt werden müssen.

9 Stunden 57 Min. = 597 Min.   12 = 49³/₄ Min.

Diese 49³/₄ Min. entsprechen also in diesem Falle einer Nachtgestirnstunde.

Auch die Beherrschung der Gestirnstunden während der Nachtzeit ist von dem betreffenden Wochentag abhängig und schliessen die Himmelskörper in der bekannten Reihenfolge direkt an die Tag-Gestirnstunden an. Die nachstehende Tabelle zeigt in übersichtlicher Darstellung die Beherrschung der einzelnen Nachtgestirnstunden durch die verschiedenen Himmelskörper, wie folgt:

Nacht

Stunden	Sonntag		Montag		Dienstag		Mittwoch		Donnerstag		Freitag		Sonnabend	
	Nachtzeit	Beherrschung	Nachtzeit	Beherrschung	Nachtzeit	Beherrschung	Nachtzeit	Beherrschung	Nachtzeit	Beherrschung	Nachtzeit	Beherrschung	Nachtzeit	Beherrschung
1	7 U.	♃		♀		♄		☉		☽		♂		☿
2	7 U. 49³/₄ M.	♂		☿		♃		♀		♄		☉		☽
3	8 U. 39¹/₂ M.	☉		☽		♂		☿		♃		♀		♄
4	9 U. 29¹/₄ M.	♀		♄		☉		☽		♂		☿		♃
5	10 U. 19 M.	☿		♃		♀		♄		☉		☽		♂
6	11 U. 8³/₄ M.	☽		♂		☿		♃		♀		♄		☉
7	11 U. 58¹/₂ M.	♄		☉		☽		♂		☿		♃		♀
8	12 U. 48¹/₄ M.	♃		♀		♄		☉		☽		♂		☿
9	1 U. 38 M.	♂		☿		♃		♀		♄		☉		☽
10	2 U. 27³/₄ M.	☉		☽		♂		☿		♃		♀		♄
11	3 U. 17¹/₂ M.	♀		♄		☉		☽		♂		☿		♃
12	4 U. 7¹/₄ M.	☿		♃		♀		♄		☉		☽		♂

Der 21. April 1873 war ein Montag. Dieser Bestimmung liegt eine Auffassung zu Grunde, dass der Tag um Mitternacht 12 Uhr beginne. Hier haben wir es aber mit dem natürlichen Tag zu tun, der zum Sonnenaufgang seinen Anfang nimmt. Die zu berechnende Zeit liegt aber vor dem Aufgang der Sonne, also noch im Bereich der dem Sonntag zugehörigen Nacht. Nach unserer Berechnung währt zu dieser Zeit jede solche Nachtgestirnstunde 49³/₄ Minuten. Wir rechnen zum Sonnenuntergang am Sonntag, den 20. April (7 Uhr), wo die erste Nachtgestirnstunde beginnt und vom ♃ regiert wird, 49³/₄ Minuten dazu und haben in 7 Uhr 49³/₄ Minuten den Anfang der 2. Nachtgestirnstunde unter der Herrschaft des ♂ um 8 Uhr 39¹/₂ Minuten den Anfang der 3. Stunde unter der

Herrschaft der ☉ usw., je 49¾ Minuten mehr, bis wir zur 11. Nachtgestirnstunde kommen, die um 3 Uhr 17½ Minuten morgens beginnt und unter der Herrschaft der Venus steht. Die 12. Nachtgestirnstunde fängt um 4 Uhr 7¼ Minuten an. Die Zeit dieses Exempels, 4 Uhr 5 Minuten gehört also noch zur 11. Nachtgestirnstunde und steht unter der Beherrschung der ♀.

Um die laufenden Gestirnstunden stets vor Augen zu haben, macht man sich diese beiden Tabellen von Woche zu Woche. In die leerstehenden Felder, die mit Tag- oder Nachtzeit überschrieben sind, werden die Anfänge der Gestirnstunden, entsprechend den. beiden gegebenen Beispielen, eingetragen.

Es will z. B. eine Person am 30. August 1911 eine Unternehmung von grösserer Tragweite beginnen und dazu eine Jupiterstunde wählen, da der ♃ in seinem Geburtshoroskop sehr günstig steht und seine Einflüsse der Natur des betreffenden Unternehmens entsprechen. Der Ort dieser Handlung wäre Berlin unter 52° 30′ nördlicher Breite. Nach Ortszeit geht die ☉ am 30. August um 5 Uhr 8 Min. auf und um 6 Uhr 53 Min. unter. Wir rechnen diese Angaben zuerst in M. E. Z. um.

$$\begin{aligned}
\text{Normalmeridian Görlitz} &= 1^h\ 0^m\ 0^{sek} \\
-\ \text{östl. Länge für Berlin (v. Greenw.)} &= 0^h\ 53^m\ 35^{sek} \\
\hline
\text{Unterschied} &= 0^h\ 6^m\ 25^{sek}
\end{aligned}$$

Die Berechnung dieser Unterschiede kann man sich durch Benutzung der nachstehenden Tabelle ersparen, in welcher diese Unterschiede für die meisten grösseren Städte der Erde angegeben sind. Für Orte aber, die nicht in dieser Tabelle enthalten sind, muss die Berechnung gemacht werden.

Tafel zur Umrechnung von Ortszeiten in mitteleuropäische Zeit.

Um für einen der nachstehenden Orte eine gegebene Ortszeit in die entsprechende mitteleuropäische Zeit zu verwandeln, ist der neben dem Orte in ganzen Minuten angegebene Betrag zu der Ortszeit zu addieren oder von derselben zu subtrahieren, je nachdem das Vorzeichen + oder — ist.

a) In Deutschland.

	M.	S.		M.	S.
Aachen	+ 35	45	Augsburg	+ 16	23
Altona	+ 20	14	Aurich .	+ 30	5
Ansbach	+ 17	42	Baden i. B.	+ 27	4
Arkona .	+ 6	16	Bamberg	+ 16	26
Arnsberg	+ 27	43	Bautzen	+ 2	20

Ort	M.	S.	Ort	M.	S.
Bayreuth	+ 13	37	Insterburg	− 27	17
Berlin	+ 6	25	Kaiserslautern	+ 28	54
Bielefeld	+ 25	46	Karlsruhe	+ 26	23
Bonn	+ 31	37	Kiel	+ 19	25
Brandenburg a. H.	+ 9	47	Königsberg i. Pr.	− 21	59
Braunschweig	+ 17	54	Königshütte O. S.	− 15	49
Bremen	+ 24	45	Köslin	− 4	45
Breslau	− 8	5	Kolberg	− 2	19
Bromberg	− 12	1	Konitz	− 10	12
Cassel	+ 22	3	Konstanz	+ 23	17
Celle	+ 19	39	Kottbus	+ 2	29
Chemnitz	+ 7	0	Kreuznach	+ 28	33
Coblenz	+ 29	36	Küstrin	+ 1	27
Coburg	+ 16	8	Landsberg a. W.	− 0	48
Cöln	+ 32	9	Leer	+ 30	11
Cöthen i. Anh.	+ 12	7	Leipzig	+ 10	26
Colmar	+ 30	34	Liegnitz	− 4	41
Crefeld	+ 33	44	Lissa	− 6	21
Cuxhaven	+ 25	10	Lötzen	− 27	4
Danzig	− 14	40	Lübeck	+ 17	14
Darmstadt	+ 25	21	Lüneburg	+ 18	23
Dessau	+ 10	52	Magdeburg	+ 13	25
Dirschau	− 15	14	Mainz	+ 26	54
Dortmund	+ 30	8	Mannheim	+ 26	10
Dresden	+ 5	5	Marburg	+ 24	55
Düsseldorf	+ 32	55	Marienburg i. Wpr.	− 16	2
Duisburg	+ 32	56	Marienwerder	− 15	43
Eberswalde	+ 4	40	Meiningen	+ 18	22
Eisenach	+ 18	39	Memel	− 24	34
Elberfeld	+ 31	20	Meppen	+ 30	52
Elbing	− 17	31	Merseburg	+ 11	59
Elsfleth	+ 26	8	Metz	+ 35	18
Emden	+ 31	10	Minden	+ 24	19
Ems	+ 29	7	Mühlhausen i. Th.	+ 18	5
Erfurt	+ 15	50	Mülhausen i. E.	+ 30	37
Erlangen	+ 15	59	München	+ 13	34
Essen	+ 31	55	Münden (Hann.)	+ 21	23
Flensburg	+ 22	15	Münster i. W.	+ 29	29
Frankfurt a. M.	+ 25	15	Naumburg a. S.	+ 12	54
Frankfurt a. O.	+ 1	47	Neisse	− 9	22
Fulda	+ 21	18	Neufahrwasser	− 14	39
Geestemünde	+ 25	39	Neustadt a. D.	+ 10	21
Gera	+ 11	44	Neustrelitz	+ 7	43
Glatz	− 6	39	Neuwied	+ 30	9
Görlitz	+ 0	4	Norderney	+ 31	26
Göttingen	+ 20	14	Nordhausen	+ 16	44
Gotha	+ 17	9	Nürnberg	+ 15	41
Greifswald	+ 6	28	Oldenburg	+ 27	7
Gumbinnen	− 28	57	Oppeln	− 11	39
Halberstadt	+ 15	47	Osnabrück	+ 27	50
Halle a. S.	+ 12	9	Paderborn	+ 24	59
Hamburg	+ 20	6	Perleberg	+ 12	39
Hannover	+ 21	2	Pillau	− 19	35
Heidelberg	+ 25	6	Plauen	+ 11	28
Helgoland	+ 28	23	Posen	− 7	45
Hildesheim	+ 20	11	Potsdam	+ 7	44
Husum	+ 23	46	Putbus	+ 5	52
Ingolstadt	+ 14	19	Quedlinburg	+ 15	10

	M.	S.			M.	S.
Ratibor	— 12	57	Swinemünde	+	2	56
Regensburg	+ 11	37	Thorn	— 14	27	
Rendsburg	+ 21	20	Tilsit	— 27	39	
Rostock	+ 11	22	Tönning	+ 24	5	
Saarbrücken	+ 32	2	Travemünde	+ 16	28	
Salzwedel	+ 15	23	Trier	+ 33	27	
Schleswig	+ 21	44	Ulm	+ 20	2	
Schneidemühl	+ 6	58	Wangeroog	+ 28	35	
Schweidnitz	— 5	53	Warnemünde	+ 11	39	
Schwerin	+ 14	19	Weimar	+ 40	14	
Sigmaringen	+ 23	7	Wesel	+ 33	31	
Speyer	+ 26	14	Wetzlar	+ 26	0	
Stargard i. Pom.	— 0	13	Wiesbaden	+ 27	1	
Stettin	+ 1	41	Wilhelmshaven	+ 27	25	
Stolp	— 8	11	Wittenberg	+ 9	24	
Stralsund	+ 7	39	Wolfenbüttel	+ 17	52	
Strassburg i. E.	+ 28	55	Worms	+ 26	32	
Stuttgart	+ 23	17	Würzburg	+ 20	16	

b) Im europäischen Auslande

	St.	M.	S.		St.	M.	S.
Aarhus	+ 0	19	9	Genua	+ 0	24	19
Aberdeen	+ 1	8	23	Gibraltar	+ 1	21	23
Amsterdam	+ 0	40	21	Glasgow	+ 1	17	10
Antwerpen	+ 0	42	23	Gothenburg	+ 0	12	8
Astrachan	— 2	12	9	Graz	— 0	1	48
Athen	— 0	34	53	Greenwich	+ 1	0	0
Barcelona	+ 0	51	25	Havre	+ 0	59	34
Basel	+ 0	29	37	Helsingfors	— 0	39	49
Bayonne	+ 1	5	55	Hull	+ 1	1	0
Belgrad	— 0	21	58	Innsbruck	+ 0	14	24
Bergen i. Norw.	+ 0	38	47	Jassy	— 0	50	24
Bern	+ 0	30	14	Kasan	— 2	16	29
Bologna	+ 0	14	35	Kiew	— 1	2	1
Bordeaux	+ 1	2	5	Klagenfurt	+ 0	2	45
Brest	+ 1	17	59	Konstantinopel	— 0	55	56
Bristol	+ 1	10	24	Kopenhagen	+ 0	9	41
Brünn	— 0	6	27	Krakau	— 0	19	50
Brüssel	+ 0	42	31	Kronstadt	— 0	59	4
Budapest	— 0	16	15	Laibach	+ 0	1	57
Bukarest	— 0	44	27	Linz	+ 0	2	51
Cadix (San Fernando)	+ 1	24	49	Lissabon	+ 1	36	45
Cagliari	+ 0	23	29	Liverpool	+ 1	12	17
Calais	+ 0	52	35	Livorno	+ 0	18	19
Carthagena	+ 1	3	56	London	+ 1	0	37
Catania	+ 0	0	19	Luxemburg	+ 0	35	21
Christiania	+ 0	17	6	Lyon	+ 0	40	52
Christiansand	+ 0	27	58	Madrid	+ 1	14	45
Cork	+ 1	33	51	Mailand	+ 0	23	14
Dorpat (Jurjev)	— 0	46	53	Manchester	+ 1	8	59
Drontheim	+ 0	18	11	Marseille	+ 0	38	25
Dublin	+ 1	25	21	Messina	— 0	2	19
Edinburg	+ 1	12	43	Moskau	— 1	30	17
Florenz	+ 0	14	59	Nantes	+ 1	6	12
Genf	+ 0	35	23	Neapel	+ 0	2	58

	St.	M.	S.
Nischnij Nowgorod	− 1	56	1
Nizza	+ 0	30	48
Odessa	− 1	3	2
Oporto	+ 1	34	33
Padua	+ 0	12	31
Palermo	+ 0	6	34
Paris	+ 0	50	39
Petersburg	− 1	1	11
Plymouth	+ 1	16	37
Pola	+ 0	4	37
Portsmouth	+ 1	4	25
Prag	+ 0	2	20
Pressburg	− 0	8	25
Reikjavik	+ 2	27	40
Reval	− 0	38	59
Riga	− 0	36	28
Rom	+ 0	10	5
Rotterdam	+ 0	42	1
Rouen	+ 0	55	37

	St.	M.	S.
Saloniki	− 0	31	52
Sevilla	+ 1	24	5
Stockholm	− 0	12	14
Toulon	+ 0	36	18
Toulouse	+ 0	54	10
Tours	+ 0	57	13
Trient	+ 0	15	41
Triest	+ 0	4	57
Turin	+ 0	29	13
Valencia (Span.)	+ 1	1	17
Valladolid	+ 1	18	50
Venedig	+ 0	10	35
Verona	+ 0	16	4
Viborg (Dänem.)	+ 0	22	19
Warna	− 0	51	55
Warschau	− 0	24	7
Wien	− 0	5	21
Wilna	− 0	41	9
Zürich	+ 0	25	48

c) Ausserhalb Europas.

	St.	M.	S.
Acapulco	+ 7	39	32
Adelaide	− 8	14	20
Aden	− 1	59	56
Alexandria	− 0	59	34
Algier	+ 0	47	51
Anjer	− 6	2	36
Auckland	−10	39	30
Bagdad	− 1	57	30
Bahia	+ 3	33	58
Baltimore	+ 6	6	28
Bangkok	− 5	42	4
Batavia	− 6	7	33
Beirut	− 1	21	56
Benares	− 4	31	43
Bengasi	− 0	20	14
Benguela	+ 0	6	19
Bombay	− 3	51	16
Boston	+ 5	44	15
Buenos Aires	+ 4	53	29
Calcutta	− 4	53	19
Caracas	+ 5	27	39
Cayenne	+ 4	29	23
Charleston	+ 6	19	43
Chicago	+ 6	50	27
Cincinnati	+ 6	37	41
Colombo	− 4	19	23
Damaskus	− 1	25	13
Dar es Salaam	− 1	37	8
Delhi	− 4	8	49
St. Domingo	+ 5	39	33
Fes. ©	+ 1	20	5
Friedr. Wilhelmshafen	− 8	43	6
Funchal	+ 2	7	36

	St.	M.	S.
Godthaab	+ 4	33	35
Guayaquil	+ 6	19	29
Halifax	+ 5	14	21
Havana	+ 6	29	25
St. Helena	+ 1	22	52
Hongkong	− 6	36	42
Honolulu	+11	31	27
Irkutsk	− 5	57	5
Iffahan	− 2	26	58
Jakutsk	− 7	38	58
Jenisseisk	− 5	8	49
Jerusalem	− 1	20	52
Kairo	− 1	5	9
Kamerun (Guvern.)	+ 0	21	9
Kanton	− 6	33	6
Kapstadt	− 0	13	55
Kiautschou (Tsingtau)	− 7	1	13
Krasnojarsk	− 5	11	34
Lima	+ [illegible]	8	11
Loanda	+ 0	7	7
Lyttelton	−10	30	57
Madras	− 4	20	59
Mangkassar	− 6	57	36
Manila	− 7	3	50
Marokko	+ 1	30	25
Massaua	− 1	37	51
Mazatlan	+ 8	5	36
Melbourne	− 8	39	54
Mexiko	+ 7	36	27
Mombas	+ 1	38	42
Montevideo	+ 4	44	49
Montreal	+ 5	54	19
Mozambique	− 1	43	0

	St.	M.	S.		St.	M.	S.
Murzuk	+ 0	3	20	Singapur	— 5	55	25
Nagasaki	— 7	39	30	Siut	— 1	4	36
Nangking	— 6	55	9	Smyrna	— 0	48	39
New Orleans	+ 7	0	15	Sofala	— 1	19	5
New York	+ 5	55	54	Suakin	— 1	30	11
Nikolajewsk	— 8	22	52	Suez	— 1	10	14
Obdorsk	— 3	26	21	Surabaja	— 6	30	57
Oran	+ 1	2	40	Swakopmund	+ 0	1	50
Panama	+ 6	18	9	Sydney	— 9	4	56
Pandang	— 5	41	22	Tamatave	— 2	17	34
Peking	— 6	45	53	Tananarivo	— 2	10	25
Pernambuco	+ 3	19	38	Tanger	+ 1	23	11
Philadelphia	+ 6	0	38	Taschkent	— 3	37	11
Pittsburg	+ 6	19	53	Teheran	— 2	25	41
Port Natal	— 1	4	1	Tiflis	— 1	59	17
Port Said	— 1	9	16	Timbuktu	+ 1	11	26
Quebec	+ 5	44	49	Tobolsk	— 3	33	0
Quito	+ 6	15	20	Tomsk	— 4	39	51
Richmond	+ 6	9	44	Tripolis	+ 0	7	17
Rio de Janeiro	+ 3	52	41	Tunis	+ 0	19	20
Saigon	— 6	6	48	Valdivia	+ 5	53	40
Saint Louis (Seneg.)	+ 2	6	14	Valparaiso	+ 5	46	34
San Francisco	+ 9	9	43	Veracruz	+ 7	24	31
Sansibar	— 1	36	46	Washington	+ 6	8	16
Santiago (Chile)	+ 5	42	46	Windhoek	— 0	8	17
Shanghai	— 7	5	57	Yokohama	— 8	18	53

Da die östliche Länge von Berlin kleiner ist als die Länge des Normalmeridians, so wird der Unterschied zur Ortszeit hinzugezählt, um die M. E. Z. zu erhalten.

$$\begin{aligned}
\text{Ortszeit} \odot \text{Aufgang 30. 8.} &= 5 \text{ Uhr } 8 \text{ Min.} \\
+ \text{ Unterschied für Berlin} &= 6 \text{ Min.} \\
\hline
\text{M. E. Z. } \odot \text{ Aufgang 30. 8.} &= 5 \text{ Uhr } 14 \text{ Min.}
\end{aligned}$$

$$\begin{aligned}
\text{Ortszeit} \odot \text{Untergang 30. 8.} &= 6 \text{ Uhr } 53 \text{ Min.} \\
+ \text{ Unterschied für Berlin} &= 6 \text{ Min.} \\
\hline
\text{M. E. Z. } \odot \text{ Untergang 30. 8.} &= 6 \text{ Uhr } 59 \text{ Min.}
\end{aligned}$$

Dieser Vorgang ist die Umkehrung der in Band I gegebenen Beispiele. Dort wird die M. E. Z. in Ortszeit und hier die Ortszeit in M. E. Z. verwandelt.

Es ist nun die Zeit zwischen Sonnenaufgang und Sonnenuntergang zu bestimmen, indem man bis zum Mittag rechnet und die von dort bis zum Sonnenuntergang verflossene Zeit hinzuzählt.

$$\begin{aligned}
\text{Mittag 30. 8.} &= 12 \text{ Uhr } 0 \text{ Min.} \\
- \odot \text{ Aufgang} &= 5 \text{ Uhr } 14 \text{ Min.} \\
\hline
&= 6 \text{ Std. } 46 \text{ Min.} \\
+ \odot \text{ Untergang 30. 8.} &= 6 \text{ Uhr } 59 \text{ Min.} \\
\hline
\text{Vom } \odot \text{ Aufgang bis } \odot \text{ Untergang} &= 13 \text{ Std. } 45 \text{ Min.}
\end{aligned}$$

13 Stunden 45 Minuten sind 825 Minuten, geteilt durch 12 gibt 68³/₄ Minuten oder 1 Stunde 8³/₄ Minuten als Dauer für die Gestirnstunde.

1. Gestirnstunde ☉ Aufgang 30. 8.	=	5 Uhr	14	Min.
	+	1 Std.	8³/₄	Min.
Anfang der 2. Gestirnstunde	=	6 Uhr	22³/₄	Min.
	+	1 Std.	8³/₄	Min.
„ „ 3. „	=	7 Uhr	31¹/₂	Min.
	+	1 Std.	8³/₄	Min.
„ „ 4. „	=	8 Uhr	40¹/₄	Min.
	+	1 Std.	8³/₄	Min.
„ „ 5. „	=	9 Uhr	49	Min.
	+	1 Std.	8³/₄	Min.
„ „ 6. „	=	10 Uhr	57³/₄	Min.
	+	1 Std.	8³/₄	Min.
„ „ 7. „	=	12 Uhr	6¹/₂	Min.
	+	1 Std.	8³/₄	Min.
„ „ 8. „	=	1 Uhr	15¹/₄	Min.
	+	1 Std.	8³/₄	Min.
„ „ 9. „	=	2 Uhr	24	Min.
	+	1 Std.	8³/₄	Min.
„ „ 10. „	=	3 Uhr	32³/₄	Min.
	+	1 Std.	8³/₄	Min.
„ „ 11. „	=	4 Uhr	41¹/₂	Min.
	+	1 Std.	8³/₄	Min.
„ „ 12. „	=	5 Uhr	50¹/₄	Min.

Der 30. August 1911 war ein Mittwoch. Wir sehen in der Tabelle für Tagesgestirnstunden nach und finden die 4. und die 11. Tagesgestirnstunde vom ♃ beherrscht. Nach der vorhergegangenen Berechnung wird am 30. August 1911 die 4. vom ♃ beherrschte Tagesgestirnstunde von 8 Uhr 40¹/₄ Min. bis 9 Uhr 50 Min. früh und die 11. Gestirnstunde von 4 Uhr 41¹/₂ Min. bis 5 Uhr 50¹/₄ Min. nachmittags währen. Der Betreffende hat nun zum günstigen Beginn seines Unternehmens die Wahl zwischen diesen beiden Gestirnstunden, welche durch die Aufstellung eines Stundenhoroskops, wie es an späterer Stelle gezeigt ist, entschieden wird.

Als letztes Beispiel sei der Fall angenommen, dass eine Person in Königsberg am 20. November 1911, abends

8 Uhr 16 Min. in eine schwere Krankheit verfiel, d. h. dass
sie zu dieser Zeit das Krankenlager aufsuchen musste.
Königsberg hat (siehe Band I) 54° 43′ nördliche Breite
und 1 h 21 m 59 sek östliche Länge von Greenwich.

Die Tafeln für die Aufgänge und Untergänge der
Sonne zeigen unter 54° 30′ Breite am 20. November den
Sonnenuntergang um 3 Uhr 50 Min. nachmittags und am
21. November den Sonnenaufgang um 7 Uhr 42 Min. früh.
Abends 8 Uhr 16 Min. liegt dazwischen, wir haben also
die Nachtgestirnstunde zu suchen. Die obigen Angaben
des Sonnenaufganges und Unterganges sind in Ortszeit,
müssen daher in M. E. Z. umgewandelt werden.

$$\begin{aligned}
\text{Oestliche Länge für Königsberg} &= 1\,^h\,31\,^m\,59\,^{sek} \\
\text{— östliche Länge Normalmeridian Görlitz} &= 1\,^h\,\ 0\,^m\,\ 0\,^{sek} \\
\hline
\text{Unterschied} &= 0\,^h\,21\,^m\,59\,^{sek}
\end{aligned}$$

Denselben Unterschied zeigt auch die Tafel zur Umrechnung von Ortszeiten in mitteleuropäische Zeit. Er
ist auf dieser Tafel mit dem Zeichen — versehen, was
besagt, dass der Unterschied von der Ortszeit in Abzug
gebracht werden muss.

Dasselbe Resultat ergibt sich durch nachfolgende
Rechnung:

Die östliche Länge von Königsberg ist grösser als
der Normalmeridian, daher wird der Unterschied von der
Ortszeit abgezogen um die M. E. Z. zu erhalten.

$$\begin{aligned}
\text{Ortszeit} \odot \text{Untergang 20. 11} &= 3 \text{ Uhr } 50 \text{ Min.} \\
\text{— Unterschied für Königsberg} &= \qquad\ \ 22 \text{ Min.} \\
\hline
\text{M. E. Z. } \odot \text{ Untergang 20. 11. Königsberg} &= 3 \text{ Uhr } 28 \text{ Min.} \\
\\
\text{Ortszeit} \odot \text{Aufgang 21. 11} &= 7 \text{ Uhr } 42 \text{ Min.} \\
\text{— Unterschied für Königsberg} &= \qquad\ \ 22 \text{ Min.} \\
\hline
\text{M. E. Z. } \odot \text{ Aufgang 21. 11. Königsberg} &= 7 \text{ Uhr } 20 \text{ Min.}
\end{aligned}$$

Wir bestimmen nun die Zeit zwischen Sonnenuntergang und Sonnenaufgang.

$$\begin{aligned}
\text{Mitternacht} &= 12 \text{ Uhr }\ \ 0 \text{ Min.} \\
\text{— } \odot \text{ Untergang 20. 11.} &= \ 3 \text{ Uhr } 28 \text{ Min.} \\
\hline
 &= \ 8 \text{ Std. } 32 \text{ Min.} \\
\text{+ } \odot \text{ Aufgang 21. 11.} &= \ 7 \text{ Std. } 20 \text{ Min.} \\
\hline
\text{Vom } \odot \text{ Untergang 20. 11. bis } \odot \text{ Auf-} & \\
\text{gang 21. 11.} &= 15 \text{ Std. } 52 \text{ Min.}
\end{aligned}$$

15 Stunden 52 Minuten sind (die Stunde zu 60 Minuten) gleich 952 Minuten, geteilt durch 12 erhält man 79⅓ Minuten oder 1 Stunde 19⅓ Minuten als Dauer für eine Nachtgestirnstunde.

1. Gestirnstunde ☉ Untergang 20. 11. = 3 Uhr 28 Min.
\+ 1 Std. 19⅓ Min.

Anfang der 2. Gestirnstunde = 4 Uhr 47⅓ Min.
\+ 1 Std. 19⅓ Min.

„ „ 3. „ = 6 Uhr 6⅔ Min.
\+ 1 Std. 19⅓ Min.

„ „ 4. „ = 7 Uhr 26 Min.
\+ 1 Std. 19⅓ Min.

„ „ 5. „ = 8 Uhr 45⅓ Min.
\+ 1 Std. 19⅓ Min.

„ „ 6. „ = 10 Uhr 4⅔ Min.
\+ 1 Std. 19⅓ Min.

„ „ 7. „ = 11 Uhr 24 Min.
\+ 1 Std. 19⅓ Min.

„ „ 8. „ = 12 Uhr 43⅓ Min.
\+ 1 Std. 19⅓ Min.

„ „ 9. „ = 2 Uhr 2⅔ Min.
\+ 1 Std. 19⅓ Min.

„ „ 10. „ = 3 Uhr 22 Min.
\+ 1 Std. 19⅓ Min.

„ „ 11. „ = 4 Uhr 41⅓ Min.
\+ 1 Std. 19⅓ Min.

„ „ 12. „ = 6 Uhr 0⅔ Min.

Der 20. November 1911 war ein Montag. Die Zeit der Erkrankung ist 8 Uhr 16 Minuten abends, das fällt in die 4. Nachtgestirnstunde, die um 7 Uhr 26 Min. beginnt und um 8 Uhr 45 Min. endet. Die Tabelle über Nachtgestirnstunden zeigt uns nun, dass am Montag die 4. Nachtstunde vom ♄ beherrscht wird. Das ist ein böses Omen für den Verlauf der Krankheit und deutet jedenfalls darauf hin, dass dieselbe mindestens sehr langwierig und hartnäckig sein wird.

Hier darf man sich freilich nicht nur einzig und allein auf die Aussage des Stundenbeherrschers verlassen. Man muss auch sehen, ob dieser, die Stunden beherrschende Himmelskörper im Grundhoroskop in guter oder schlechter

Anlage steht, welche Aussage das Jahreshoroskop über den betreffenden Krankheitsfall macht, ob zur selben Zeit schlechte oder günstige Transite über wichtige Stellen des Grund- und Jahreshoroskops gehen, ob gute oder böse Direktionen fällig sind. Dann hat man für die gegebene Zeit der Erkrankung auch das Stundenhoroskop, das in diesem Falle Decumbiturhoroskop genannt wird, aufzustellen und dessen Einfluss zu beachten (siehe unter Stundenhoroskop) und schliesslich muss auch die Mond-stellung zur Zeit der Erkrankung berücksichtigt werden.

Es ist sehr nützlich, bei allen Unternehmungen und allen grösseren Ereignissen des Lebens den Beherrscher der betreffenden Gestirnstunde zu ermitteln. Seine Beeinflussung wird sich aber immer nach seiner Stellung im Grundhoroskop richten. Je nach der Anlage desselben werden die Himmelskörper stärker oder schwächer wirken, günstiger oder ungünstiger beeinflussen.

Wer den ♄ in seinem Grundhoroskop sehr schlecht bestrahlt hat und ihn an ungünstigen Orten des Horoskops findet, wird die Saturnstunden vollständig unbrauchbar finden; selbst Handlungen und Ereignisse, die vom ♄ im allgemeinen gut beeinflusst werden, können in diesem Falle nur zu Enttäuschungen und Leiden führen. Die mit der Saturnnatur aber im Widerspruch stehenden Handlungen, also jene, die für die Saturnstunde als „ungünstig“ bezeichnet werden, müssen bei einer schlechten Saturnstellung im Grundhoroskop unbedingt vermieden werden, wenn man sich nicht eine Reihe von innerlich zusammenhängenden schweren Schicksalsschlägen heraufbeschwören will.

Das gilt auch von allen anderen Himmelskörpern, selbst, wenn auch in geringem Masse, bei den sonst als „gutwirkend“ bezeichneten.

Zur Bewerbung um ein Amt oder eine Stellung ist z. B. die Sonnenstunde sehr günstig. Wenn aber eine Person im Geburtshoroskop die ☉ in sehr ungünstiger Lage stehen hat, vielleicht im 12. Hause im Zeichen ♒, verletzt durch die ☍ des ♄ und □ des ♂, so ist ihm zu einem solchen Unternehmen die Sonnenstunde keinesfalls anzuraten. Noch verfehlter aber wäre es, wollte diese Person mit einer so sehr verletzten Sonne im Geburtshoroskop, eine Sonnenstunde zum Umzug in eine neue Wohnung wählen, da ein Wohnungswechsel durch die Sonnenstunde an und für sich ungünstig beeinflusst wird. Es würden in dem neuen Heim Unzuträglichkeiten der schwersten Art auftreten.

Ein Ingenieur, der den ♂ im Geburtshoroskop in sehr schlechter Anlage hat, z. B. im 6. Hause, dem Hause der Arbeit, und im Zeichen ♋, ferner in ♂ ♄, □ ☽ usw. soll keineswegs die Marsstunde zum Beginn eines Maschinenbaues verwenden, so günstig diese Stunde auch sonst für derlei Unternehmnngen ist, er würde sehr stark mit Misserfolgen und störenden Zwischenfällen zu kämpfen haben. Wenn aber dieselbe Person zu einer Marsstunde eine Reise antreten wollte, so würde sie sich grossen Schädigungen aussetzen, die sowohl das Vermögen als auch die Gesundheit betreffen können.

Die Gestirnstunden beeinflussen folgendermassen:

1. Die Sonne ☉.

Die kräftigste Wirkung äussern die Sonnenstunden in den Monaten Juli und März, solange sie in den Zeichen ♈ und ♌ steht. Zu allen Zeiten aber sind ihre Wirkungen an Sonntagen kräftiger als an Wochentagen. Ihre schwächste Wirkung kaben sie im Februar und im September.

In den Tagessonnenstunden ist jeder Verkehr mit höher gestellten Personen erfolgreich. Es ist angezeigt, sich in solchen Stunden um ein Amt, Beförderung oder Protektion zu bewerben. Man schliesse in Sonnenstunden Freundschaften ab, erledige öffentliche Angelegenheiten und kaufe Goldgegenstände und goldfarbige Dinge, auch Waffen.

Man vermeide aber zur Sonnenstunde den Aukauf von Tieren, das Verleihen von Geld, den Bau eines Hauses, jede Uebersiedelung, Verlobung, Heirat, wichtige Handelsgeschäfte sowie das Anlegen neuer Kleider.

Erkrankungen zu dieser Stunde werden meist ungünstig verlaufen und hohes Fieber herbeiführen.

2. Der Mond ☽.

Die Mondstunden haben in den Monaten Juli und Mai die kräftigste, im November eine schwächere und Dezember bis 20. Januar die schwächste Wirkung.

Sie sind besonders günstig an Montagen und wenn der ☽ im zunehmenden Viertel steht, ungünstig aber im abnehmenden. Man soll im abnehmenden Viertel nichts beginnen.

Günstig sind die Mondstunden für den Einkauf von Nahrungsmitteln, grösseren Tieren, Silber, Perlen, Opale, Kristalle, Glas und Gegenständen von weisser, silbergrauer oder gelblicher Farbe. Man sende die Kinder zu solcher Stunde zum ersten Male zur Schule, unternehme Reisen,

freie um das weibliche Geschlecht (schliesse aber keine
Ehe), beginne einen Prozess und führe Uebersiedelungen
durch.

Dagegen hüte man sich zu Mondstunden mit dem
Beginn eines Hausbaues. Man vermeide es, Geld zu
leihen, neue Kleider anzulegen, zu heiraten, Gelöbnisse
zu empfangen oder zu geben. Die Mondstunde repräsentiert den Wechsel und die Veränderung, daher soll man
sich hüten, alles, was längere Dauer haben soll, zur Mondstunde zu beginnen.

Erkrankungen, welche in den Mondstunden eintreten,
sind sehr wechselvoll und nehmen selten einen regel-
mässigen Verlauf.

3. Der Saturn. ♄.

Die stärkste Wirkung haben die Saturnstunden an
Sonnabenden, und zwar Ende Dezember, den ganzen
Januar und bis gegen den 20. Februar, sowie im Oktober.
Die schwächste Wirkung aber äussern sie im April, Juli
und August.

Während der Saturnstunden handle man mit schweren
Metallen, oder Steinen und Dingen, die sich in der Erde
befinden. Diese Stunden sind günstig für die Landwirtschaft, den Handel mit Land und Häusern, für Bergwerke,
Grabungen, Brunnenbau, für Töpfer, Gerber, Schuhmacher,
Lederarbeiter. Man kauft zu diesen Stunden mit Vorteil
dunkle oder schwere Kleider. Die Saturnstunden beeinflussen auch zu ernsten und schweren wissenschaftlichen
Arbeiten.

Dagegen vermeide man zu diesen Stunden jeden
Verkehr mit höhergestellten Personen, wenn derselbe die
Erlangung einer Protektion oder eines Amtes zur Folge
haben soll. Man schliesse zu dieser Stunde keinen Ehe-
oder Freundschaftsbund, stelle keine Untergebenen an,
mache keine Reisen, verleihe kein Geld, lasse sich nicht
die Haare schneiden, lege keine neue Kleider an und verleihe oder leihe nichts, weder Geld noch sonstige Dinge.

Erkrankungen zu Saturnstunden sind meist sehr gefährlich und tötend; zum mindesten aber werden sie sehr
lange dauern.

4. Der Jupiter ♃.

Die Jupiterstunden wirken am stärksten an Donners-
tagen, von Ende November bis ungefähr 20. Dezember
und in den ersten Wochen des Monats Juli. Die schwächste
Wirkung haben sie im Juni und im Januar.

In Jupiterstunden suche man die Gunst Hochgestellter, mächtiger Personen zu erwerben. Ein Verkehr mit Justizpersonen wird sehr erfolgreich sein. Man kauft zu diesen Stunden mit Vorteil alle Gegenstände, die eine blaue, gelbe oder purpurrote Farbe haben. Auch Gegenstände aus Zinn sollen nur zu Jupiterstunden gekauft werden und von Edelsteinen der Smaragd, Amethist, Saphir und Türkis. Personen, die in Feindschaft lebten und Frieden schliessen wollen, sollen dies zur Jupiterstunde tun, sie werden sich damit durch dauernde Freundschaft verbinden. Man heirate zur Jupiterstunde, trete eine Stelle an, lege neue Kleider an, verlasse das Haus, beginne um erfolgreich zu sein, eine Reise, leihe oder verleihe Geld, lege sein Kapital an und vollziehe ehrliche Handelsgeschäfte. Die Jupiterstunde ist gut für alle Gerichtsangelegenheiten und alle Angelegenheiten mit Behörden, für den Beginn neuer Gründungen und Unternehmungen, ferner für Uebersiedlungen.

Man vermeide aber zur Jupiterstunde den Einkauf von Waffen oder Tieren. In der Jupiterstunde muss man sich vor dem Feuer hüten, vor allen Beschäftigungen mit der Erde, wie Brunnengraben, Bergwerksarbeiten, Grubenaufwerfen usw. Es heisst, man soll die Erde während der Jupiterstunde in Ruhe lassen.

Krankheiten, welche zur ♃ Stunde auftreten, werden bald wieder geheilt sein.

5. Der Mars ♂.

Am stärksten wirken die Marsstunden an Dienstagen, besonders in den Monaten Ende März bis ungefähr 20. April, Ende November bis ungefähr 20. Oktober und Ende Dezember bis ungefähr 20. Januar. Am schwächsten aber äussern sie sich Ende April bis nahe 21. Mai, Ende September bis ungefähr 21. Oktober und im Juli.

Die Marsstunde ist nur für wenig Dinge geeignet. Es ist gut und bringt Vorteil, zu dieser Stunde Waffen, Maschinen, Eisen, Messer und scharfe Instrumente, sowie alles, was eine rötliche Farbe hat oder mit Eisen oder Feuer zusammenhängt, ferner alles, was Kriegszwecken dient, zu kaufen. Man verkehre in diesen Stunden mit Militärpersonen, oder Personen, die mit Eisen, Maschinenbau, Eisenbahnen, Waffen und Feuer zu tun haben, aber auch mit Metzger und Schlächter, wenn man Vorteile durch sie erlangen will. Chirurgen haben ihre glücklichste Hand zu Marsstunden, wenn ♂ und ☽ in günstigen Aspekten zueinander stehen.

Jedoch soll man zur Marsstunde keine Reise antreten, man wird entweder einen Unfall erleiden oder aber bestohlen werden. Seereisen sollen besonders vermieden werden. In diesen Stunden entsteht Zank und Streit. Sie bergen die grössten Gefahren und führen die meisten Unfälle, Brände, Explosionen usw. herbei. Es ist daher gut, die Marsstunde möglicht still vorübergehen zu lassen und keinerlei Unternehmungen zu beginnen. Nur jene Personen, die dem ♂ angehören, oder in deren Horoskopen der ♂ sehr günstig steht, werden in Marsstunden bei den dem ♂ unterstehenden Angelegenheiten günstige Wirkungen erzielen.

Erkrankungen zur Marsstunde sind meist heftig und hitziger Natur und verlaufen im allgemeinen sehr bösartig. Diese Stunden sind besonders reich an Unfällen, Körperverletzungen, Wunden, Verbrennungen usw.

6. Die Venus ♀.

Die Venusstunden wirken am stärksten am Freitag, besonders in der Zeit von ungefähr 20. April bis 20. Mai, vom 23. September bis 23. Oktober und ferner Mitte März.

In der Venusstunde soll man Freundschaften und Liebesbündnisse anknüpfen, Ehen schliessen und bei hochgestellten Personen, besonders weiblichen Geschlechts, Gunst, Protektion und Förderung zu erlangen suchen. Die Venusstunde ist überhaupt für den Verkehr mit dem anderen Geschlecht sehr zu empfehlen. Sie beherrscht auch alle Vergnügungen wie Theater, Musik, Tanz usw. Zur Venusstunde soll man kleine Reisen antreten, Ausflüge machen, Besuche abstatten, sein Heim ausschmücken, baden, mit Schneidern, Putzmachern, Blumenhändlern, aber auch mit Künstlern verkehren. Für Künstler ist es gut, zu solchen Stunden ein neues Werk zu beginnen. Die Venus bezeichnet Spiel, Zeitvertreib, Luxus, Vergnügen, Weltfreude, die Liebe und die Freundschaft und sind alle Handlungen, die in diesem Sinne liegen, in der Venusstunde angezeigt.

Dagegen soll man zur Venusstunde weder ein Schiff besteigen, noch eine Wasserreise antreten. Man soll zu diesen Stunden auch mit seinem Gelde vorsichtig sein, da sie zur Verschwendung stark beeinflusst.

Krankheiten, die in der Venusstunde beginnen, enden selten mit dem Tod, sind aber meist durch Ausschreitungen und Unmässigkeit verursacht; sie werden nicht von allzu langer Dauer sein.

7. Der Merkur ☿.

Die Merkurstunden wirken am stärksten am Mittwoch und besonders während der Zeit vom 21. Mai bis 20. Juni, dann vom 24. August bis 22. September.

In dieser Stunde sind alle Handels-, Geld-, Bank- und Wechselgeschäfte günstig zu erledigen. Das Pflanzen von Bäumen, das Graben von Brunnen, das Senden von Botschaften, der Beginn von Bauten sind erfolgversprechend. Man sende zu dieser Stunde die Kinder zum ersten Male zur Schule. Der Landwirt soll seine Zugtiere zur Merkurstunde sich vermehren lassen. Alle schriftlichen Arbeiten soll man zur Merkurstunde beginnen, das Studium von Wissenschaften und Künsten, die Aufstellung und Unterzeichnung von Dokumenten und Verträgen, die Abfassung von Briefen und Schriftstücken usw. Es ist zur Merkurstunde gut mit Buchdruckern, Buchhändlern, Verlegern, Redakteuren und Journalisten zu verkehren, oder eine Stellung in einer dieser Berufsarten anzutreten. Gelehrte, Aerzte, Lehrer, Redner, Musiker, Schriftsteller, Chemiker, Apotheker, Kaufleute werden in der Merkurstunde stets Erfolge haben.

Dagegen ist die Merkurstunde höchst ungünstig für alle Eheschliessungen, für die Rückkehr einer Reise, für die Anstellung von Untergebenen und für den Verkauf oder Kauf von Häusern und Grundbesitz, Aecker, Wiesen u. ä.

Krankheiten, die zur Merkurstunde beginnen, sind selten sehr gefährlich.

---

8. Die tattwischen Einflüsse.

„Tattwa" heisst Bewegung. Unter „tattwische Einflüsse" sind daher Bewegungsformen des Universaläthers zu verstehen.

Es würde hier zu weit führen, dem Leser mit einer erschöpfenden Theorie über die Tattwalehre zu dienen, obwohl dieselbe ebenfalls in gewisser Beziehung mit astrologischen Prinzipien im Zusammenhang steht. Aber-

mals wird der Leser auf das schon erwähnte Werk „Tattwische und astrale Einflüsse" verwiesen, in welchem er
eine erschöpfende und umfassende Belehrung darüber
findet.

Für die Zwecke des vorliegenden Lehrbuches sei
nur kurz erwähnt, dass sich diese Schwingungen auch in
Farben dukumentieren. Es gibt 5 Tattwas oder Schwin-
gungsarten.

1. Akash = dunkel, farblos.
2. Vayu = grün, blau.
3. Tejas = rot.
4. Prithvi = gelb.
5. Apas = weiss.

Es vollzieht sich nämlich im ganzen
Universum ein beständiger, geordneter
Wechsel der Tattwas. Das irdische Tattwa wechselt innerhalb zweier Stunden,
gerechnet vom Sonnenaufgang an, so
dass jedes Tattwa, der Reihe nach, durch
24 Minuten den Grundton hat. Mit Sonnenaufgang tritt immer Akash ein. Nach
24 Minuten folgt Vayu, nach weiteren
24 Minuten Tejas, nach Ablauf derselben
Prithvi und zum Schluss Apas. Damit ist
der zweistündige Tattwalauf geschlossen
und es setzt sofort wieder das Akashtattwa ein, dem alle 24 Minuten die anderen Tattwas folgen, und so fort, bis zum
nächsten Sonnenaufgang, der wieder mit
Akash beginnt.
Nochmals sei aber darauf hingewiesen, dass kein
Tattwa während des Eintritts eines anderen unwirksam
ist. Jedes Tattwa ist Tätigkeit zu jeder Zeit, nur der
Einfluss eines bestimmten Tattwas wird alle 24 Minuten
ein grösserer sein. Der Wechsel vollzieht sich in allem
was existiert, sowohl im Makrokosmos als auch im Mikro-
kosmos. Er vollzieht sich auch in unserem
Organismus. Davon kann sich jeder Mensch
mit wenig Mühe durch die Anleitungen
des erwähnten Werkes die Ueberzeugung
verschaffen.
Der Lauf der fünf Tattwas umfasst also jedesmal
2 Stunden, beginnend beim Sonnenaufgang mit Akash.
Die Tattwas strömen nach Ortszeit, es müssten also, da
wir nach M. E. Z. rechnen, die in Ortszeit festgestellten
Tattwaanfänge auf mitteleuropäische Zeit bezogen werden

Wenn man z. B. die Zeit vom 31. August bis 6. September 1919 zur Berechnung zieht und zwar für einen Ort, der unter 49° 23,9′ nördlicher Breite liegt und 0ʰ 34ᵐ 54ˢᵉᵏ östlicher Länge (Heidelberg), so ergibt sich ein Unterschied von 25 Min., die zur Ortszeit hinzugezählt werden müssen, um die M. E. Z. zu erhalten.

Die Tabellen für den Sonnenaufgang und Sonnenuntergang in dem Werke „Tattwische und astrale Einflüsse" geben unter 49° 30′ Breite nachstehende Zahlen:

	31. 8.	1. 9.	2. 9.	3. 9.	4. 9.	5. 9.	6. 9.
S.-Aufgang	5ʰ 14	5ʰ 16	5ʰ 17	5ʰ 19	5ʰ 20	5ʰ 22	5ʰ 23
S.-Unterg.	6ʰ 45	6ʰ 43	6ʰ 41	6ʰ 39	6ʰ 37	6ʰ 35	6ʰ 33

Durch Zuzählung von 25 Min. ergibt sich die M. E. Z. wie nachstehend:

	31. 8.	1. 9.	2. 9.	3. 9.	4. 9.	5. 9.	6. 9.
S.-Aufgang	5ʰ 39	5ʰ 41	5ʰ 42	5ʰ 44	5ʰ 45	5ʰ 47	5ʰ 48
S.-Unterg.	7ʰ 10	7ʰ 8	7ʰ 6	7ʰ 4	7ʰ 2	7ʰ 0	6ʰ 58

Mit Sonnenaufgang schwingt Akash und jedes Tattwa schwingt durch 24 Min. Wir rechnen daher:

Sonnenaufgang 30. 8. 1919 = 5 Uhr 39 Min. = Akash
$$+ \quad 24 \text{ Min.}$$
= 6 Uhr 3 Min. = Vayu
$$+ \quad 24 \text{ Min.}$$
= 6 Uhr 27 Min. = Tejas
$$+ \quad 24 \text{ Min.}$$
= 6 Uhr 51 Min. = Prithvi
$$+ \quad 24 \text{ Min.}$$
= 7 Uhr 15 Min. = Apas
$$+ \quad 24 \text{ Min.}$$
= 7 Uhr 39 Min. = Akash

usw.

Bis zum Sonnenaufgang des 1. September wird nun jedesmal um 5 Uhr 39 Min., 7 Uhr 39 Min., 9 Uhr 39 Min., 11 Uhr 39 Min., 1 Uhr 39 Min., 3 Uhr 39 Min., 5 Uhr 39 Min. nachmittags usw. den Abend und die Nacht hindurch, also während 24 Stunden Akash schwingen.

Um 6 Uhr 3 Min., 8 Uhr 3 Min., 10 Uhr 3 Min., 12 Uhr 3 Minuten, 2 Uhr 3 Min., 4 Uhr 3 Min. usw. wird jedesmal Vayu eintreten; um 6 Uhr 27 Min., 8 Uhr 27 Min., 10 Uhr 27 Min., 12 Uhr 27 Min., 2 Uhr 27 Min., 4 Uhr 27 Min. usw. beginnt jedesmal Tejas; um 6 Uhr 51 Min., 8 Uhr 51 Min., 10 Uhr 51 Min. usf. jedesmal Prithvi und um 7 Uhr 15 Min., 9 Uhr 15 Min., 11 Uhr 15 Min., 1 Uhr 15 Min. usf. jedesmal Apas.

Anschliessend wird das Muster einer Wochentabelle gebracht, die auch für die Zeit vom 31. 8. bis 6. 9. die Gestirnstunden zeigt. Solche Tabellenformulare zum Ausfüllen sind durch den Verlag dieses Buches erhältlich und erspart man sich dadurch die umständliche Liniatur.

In der Wochentabelle ist für jeden Tag nur ein Tattwalauf aufgenommen, da sich ja alle anderen durch Zuzählung von je 2 Stunden selbst ergeben.

Wer z. B. für den 31. August 1919 um 11 Uhr 20 Min. vormittags eine Frage stellt und wissen will, von welchem Tattwalauf sie beherrscht wird, wird ihn sehr bald finden, wenn er beachtet, dass 11 Uhr einer ungeraden Stundenzahl entspricht, also mit 5 oder 7 korrespondieren muss. 20 Minuten sind mehr als 15 Minuten, daher wird 11 Uhr 20 Minuten nach 7 Uhr 15 Minuten zu suchen sein; da 7 Uhr 15 Min. auch als 11 Uhr 15 Min. bez. des Tattwalaufes angenommen werden muss, so findet man für 11 Uhr 20 Min. (bezw. 7 Uhr 20 Min.) das Apastattwa im Lauf.

Wer hingegen für denselben Tag den Tattwalauf abends um 12 Uhr 40 Min. zu suchen hat, wird sich an die geraden Stundenzahlen halten. Innerhalb derselben finden wir 40 Minuten zwischen 27 und 51 Minuten. Man muss 6 Uhr 27 Min. nehmen und findet für diese Zeit das Tejastattwa. Diese Feststellungen sind so einfach, dass sie keines weiteren Beispieles mehr bedürfen.

Der praktische Wert der Anwendung nützlicher und Vermeidung schädlicher Gestirnstunden wird erst in Verbindung mit dem Lauf der 5 Tattwas gegeben.

Die nachstehenden Ausführungen über das Wesen der Tattwas sind auszugsweise dem schon mehrfach erwähnten Werke „Tattwische und astrale Einflüsse" entnommen.

Wochentabelle der Gestirnstunden.
Monat August—September 1919.

Datum	31./8.	1./9.	2./9.	3./9.	4./9.	5./9.	6./9.
Wochentag	Sonntag ☉	Montag ☽	Dienstag ♂	Mittwoch ☿	Donnerstag ♃	Freitag ♀	Sonnabend ♄
Mondstellung	14° ♏	26° ♏	7° ♐	19° ♐	1° ♑	14° ♑	26° ♑
Lunar-Aspekte	□ ☿	□ ☊, ✳ ♀	□ ☉, □ ♄ △ ♃, △ ♂	□ ♀, △ ☿	✳ ☊, △ ♄	△ ☉	△ ♀
Mutual-Aspekte			♂ ☌ ♃	☉ ⊻ ♆		☿ ⊻ ♀	
2 ständiger Tattwalauf Akash	5 Uhr 39.	5 Uhr 41	5 Uhr 42	5 Uhr 44	5 Uhr 45	5 Uhr 47	5 Uhr 48
Vayu	6 „ 3	6 „ 5	6 „ 6	6 „ 8	6 „ 9	6 „ 11	6 „ 12
Tejas	6 „ 27	6 „ 29	6 „ 30	6 „ 32	6 „ 33	6 „ 35	6 „ 36
Prithvi	6 „ 51	6 „ 53	6 „ 54	6 „ 56	6 „ 57	6 „ 59	7 „ 0
Apas	7 „ 15	7 „ 17	7 „ 18	7 „ 20	7 „ 21	7 „ 23	7 „ 24
Beginn der Tagesgestirnstunden 1	☉ 5,39	☽ 5,41	♂ 5,42	☿ 5,44	♃ 5,45	♀ 5,47	♄ 5,48
2	♀ 6,46$^{7}/_{12}$	♄ 6,48	☉ 6,49	☽ 6,50	♂ 6,51	☿ 6,53	♃ 6,53
3	☿ 7,54$^{2}/_{12}$	♃ 7,55	♀ 7,56	♄ 7,57	☉ 7,57	☽ 7,59	♂ 7,59
4	☽ 9,1$^{9}/_{12}$	♂ 9,2	☿ 9,3	♃ 9,4	♀ 9,4	♄ 9,5	☉ 9 5
5	♄ 10,9$^{4}/_{12}$	☉ 10,10	☽ 10,10	♂ 10,10	☿ 10,10	♃ 10,11	♀ 10,11
6	♃ 11,16$^{11}/_{12}$	♀ 11,17	♄ 11,17	☉ 11,17	☽ 11,17	♂ 11,17	☿ 11,17
7	♂ 12,24$^{6}/_{12}$	☿ 12,24	♃ 12,24	♀ 12,24	♄ 12,23.	☉ 12,23	☽ 12,23
8	☉ 1,32$^{1}/_{12}$	☽ 1,31	♂ 1,31	☿ 1,30	♃ 1,29	♀ 1,29	♄ 1,28
9	♀ 2,39$^{8}/_{12}$	♄ 2,39	☉ 2,38	☽ 2,37	♂ 2,36	☿ 2,35	♃ 2,34
10	☿ 3,47$^{3}/_{12}$	♃ 3,46	♀ 3,45	♄ 3,44	☉ 3,42	☽ 3,41	♂ 3,41
11	☽ 4,54$^{10}/_{12}$	♂ 4 53	☿ 4,52	♃ 4,50	♀ 4,49	♄ 4,47	☉ 4,46
12	♄ 6,2$^{5}/_{12}$	☉ 6,0	☽ 5,59	♂ 5,57	☿ 5,55	♃ 5,53	♀ 5,52

Wochentabelle der Gestirnstunden.
Monat August – September 1919.

Datum	31./8.	1./9.	2./9.	3./9.	4./9.	5./9.	6./9.
Wochentag	Sonntag ☉	Montag ☽	Dienstag ♂	Mittwoch ☿	Donnerstag ♃	Freitag ♀	Sonnabend ♄
Mondstellung	14° ♏	26° ♏	7° ♐	19° ♐	1° ♑	14° ♑	26° ♑
Lunar-Aspekte	□ ☿	□ ☌, ⚹ ♀	□ ☉, □ ♄ △ ♃, △ ♂	□ ♀, △ ☿	⚹ ☌, △ ♄	△ ☉	△ ♀
Mutual-Aspekte			♂ ☌ ♃	☉ ∨ ♆		♀ ∨ ♀	
2 stündiger Tattwalauf — Akash	5 Uhr 39	5 Uhr 41	5 Uhr 42	5 Uhr 44	5 Uhr 45	5 Uhr 47	5 Uhr 48
Vayu	6 „ 3	6 „ 5	6 „ 6	6 „ 8	6 „ 9	6 „ 11	6 „ 12
Tejas	6 „ 27	6 „ 29	6 „ 30	6 „ 32	6 „ 33	6 „ 35	6 „ 36
Prithvi	6 „ 51	6 „ 53	6 „ 54	6 „ 56	6 „ 57	6 „ 59	7 „ 0
Apas	7 „ 15	7 „ 17	7 „ 18	7 „ 20	7 „ 21	7 „ 23	7 „ 24
Beginn der Nachtgestirnstunden — 13	♃ 7,10	♀ 7,8	♄ 7,6	☉ 7,4	☽ 7,2	♂ 7,0	☿ 6,58
14	♂ $8{,}2^{1}/_{12}$	☿ 8,0	♃ 7,59	♀ 7,57	♄ 7,55	☉ 7,54	☽ 7,52
15	☉ $8{,}55^{2}/_{12}$	☽ 8,53	♂ 8,52	☿ 8,50	♃ 8,49	♀ 8,48	♄ 8,46
16	♀ $9{,}47^{9}/_{12}$	♄ 9,46	☉ 9,45	☽ 9,44	♂ 9,43	☿ 9,42	♃ 9,41
17	☿ $10{,}40^{4}/_{12}$	♃ 10,39	♀ 10,38	♄ 10,37	☉ 10,37	☽ 10,36	♂ 10,35
18	☽ $11{,}32^{11}/_{12}$	♂ 11,32	☿ 11,31	♃ 11,31	♀ 11,30	♄ 11,30	☉ 11,29
19	♄ $12{,}25^{6}/_{12}$	☉ 12,25	☽ 12,25	♂ 12,24	☿ 12,24	♃ 12,24	♀ 12,24
20	♃ $1{,}18^{1}/_{12}$	♀ 1,18	♄ 1,18	☉ 1,18	☽ 1,18	♂ 1,18	☿ 1,18
21	♂ $2{,}10^{8}/_{12}$	☿ 2,11	♃ 2,11	♀ 2,11	♄ 2,12	☉ 2,12	☽ 2,12
22	☉ $3{,}3^{2}/_{12}$	☽ 3,3	♂ 3,4	☿ 3,4	♃ 3,5	♀ 3,6	♄ 3,7
23	♀ $3{,}55^{10}/_{12}$	♄ 3,56	☉ 3,57	☽ 3,58	♂ 3,59	♀ 4,0	♃ 4,1
24	☿ $4{,}18^{5}/_{12}$	♃ 4,49	♀ 4,50	♄ 4,51	☉ 4,53	☾ 4,54	♂ 4,55

1. Das Akashtattwa.

Dieses Tattwa ist das dem Materiellen entgegen-gesetzte Prinzip, das lebenverneinende, demnach für alles Körperliche, das Prinzip der Vernichtung und Zerstörung.

Der düstere, ernste, zur Meditation und Selbstver-senkung beeinflussende saturnische Charakter dieses Tattwas verlangt, dass man während seiner Herrschaft gar nichts unternehmen soll.

Es ist daher gut, während der 24 Minuten, die das Akashtattwa strömt, alles, was irgend weltlichen Dingen zugehört, zu vermeiden. Es ist Tatsache, dass die meisten Enttäuschungen, zerstörten Hoffnungen und schmerzlichen Erfahrungen ihre Ursache darin haben, dass die, die Er-füllung der Wünsche erstrebenden Handlungen zur Akash-zeit eingeleitet wurden.

Das Akashtattwa wirkt seiner Natur nach auf das Irdische auflösend, abziehend, verhindernd und alles Körperliche zerstörend.

Zur Zeit des Akashtattwas beginne man keine geistige Arbeit, kein Studium, denn man würde zu keinem guten Resultat gelangen. Der Künstler sei in erster Linie vor diesem Tattwa gewarnt. Wenn er auch zu dieser Zeit an und für sich nicht zum Schaffen angeregt ist, so können doch Umstände eintreten, die ihn auf irgendeine Art dazu zwingen wollen; würde er diesem Drange aber nachgeben und versuchen, seine Fähigkeiten zur Pro-duktion zu pressen, so mag er versichert sein, dass das Geschaffene wertlos ist, keinen Anklang findet und ihm nur Kummer und Aerger bringen wird.

Akash lässt sich selten genau sehen. Es ist meist ein farbloses Dunkel.

Unter diesem Tattwa geborene Kinder bringen meist den Kuss des Todesengels schon mit zur Welt — sie sterben in der überwiegenden Mehrzahl im zarten Kindesalter.

Wer während des Akashtattwas ein Freundschafts-verhältnis schliesst oder ein Liebesbündnis, wird viel Trauer, Enttäuschung und baldige, meist gewaltsame Trennung erleben.

Das Akashtattwa ist das Tattwa des Todes. Die meisten Menschen hauchen ihren letzten Atemzug während dieses Tattwas aus. Es bringt die Lebenskraft zum Ver-siegen. Plötzliche Todesfälle sind seltener im Akash, diese ereignen sich mehr im Vayu und Tejas. Man hat festgestellt, dass Agonien, Bewusstlosigkeit usw. haupt-sächlich im Akash vorkommen. Der Tod in diesem Tattwa vollzieht sich meist nach langem Krankenlager und infolge grosser Schwächezustände.

Während der Akashzeit neigt man zum Pessimismus, seelischer Disharmonie, unerklärlicher Traurigkeit, Unlust und Verdrossenheit. Wenn dieses Tattwa strömt, leiden die geistigen und intellektuellen Fähigkeiten. Gedankenlosigkeit, Vergesslichkeit, schwere Auffassung ergreifen den Geist und man ist oft nicht imstande, das Einfachste zu begreifen. — Akash ist das Tattwa des Schweigens.

Akashtattwa bringt selten eine Empfängnis, wenn aber ein solcher Fall vorkommt, so ist er für die Mutter verhängnisvoll und todbringend, mindestens mit sehr grossen Gefahren verbunden.

Eine günstige Beeinflussung durch dieses Tattwa ist nicht vorhanden.

1. Das Vayutattwa.

Die nächsten 24 Minuten gehören dem Vayutattwa an.

Das „Vayutattwa" ist das Prinzip der Bewegung.

Es zeigt sich in blauer oder grüner Farbe, je nach dem ethischen Entwicklungszustand der betreffenden Person. Ethisch vorgeschrittene Menschen sehen es in einem reinen Himmelblau, moralisch Tieferstehende in einem dunklen Grün.

Wie der erstarrende, kalte Einfluss des Saturns dem Akashtattwa, so entspricht das bewegliche Prinzip des Merkurs dem Vayutattwa. Alles was der Schnelligkeit und der Bewegung angehört, untersteht dem Vayueinfluss, also die Luft, die Winde, das Fliegen, Gehen, wie überhaupt jede Art des Vorwärtsbewegens.

Und wie Akash das Tattwa des Schweigens ist, so entwickelt Vayu das Gefühl und die Sprache.

Wer einen längeren Fussmarsch beim Vayutattwa beginnt, wird nicht so leicht ermüden. Auch für einen Aufstieg auf einen Berg, wie überhaupt bei allen touristischen und alpinen Unternehmungen wähle man Vayu. Man wird ausdauernder sein als gewöhnlich und das Ziel müheloser erringen.

Geistige Arbeiter können dieses Tattwa mit Vorteil zum Beginn einer Arbeit wählen, dieselbe wird rasch von statten gehen und sehr gründlich sein, immer vorausgesetzt, sie wäre ernsten Inhalts.

Im allgemeinen aber soll man zur Vayuzeit nur Dinge unternehmen, die einer raschen Erledigung oder nur eines kurzen Bestandes bedürfen und ihrer Natur nach diesem Tattwa entsprechen. Die Luftschiffahrt wird von diesem Tattwa stark beeinflusst.

Menschen, die im Augenblick dieses Tattwas geboren werden, haben in der überwiegenden Mehrzahl ein gutes Sprachtalent, eine starke Rednerlust und auch Rednertalent und ein scharf entwickeltes Tastgefühl.

Der entwickelte, günstigere Aspekt dieses Tattwas gehört den geistigen und intellektuellen Fähigkeiten an. Ethisch Höherstehende fühlen sich durch den Einfluss von Vayu zu grösserer geistiger Produktion angeregt, sie besitzen während dieser Zeit eine schärfere Urteilskraft, ein besseres Gedächtnis und ein reines Unterscheidungsvermögen, sowie ein gesteigertes, intuitives Erkennungsvermögen.

Der günstige Aspekt des Vayu verleitet bessere Menschen zur Entsagung, Keuschheit und Askese — er zeitigt kalte, ruhige, äusserst verstandesklare Menschen, ohne Leidenschaften, aber auch ohne Wärme des Gefühls.

Das Vayutattwa hat nur wenig günstige Wirkungen, es gehört also im allgemeinen noch zu den für das menschliche Leben und dessen verschiedene Verhältnisse wenig aufbauenden Tattwas.

Man braucht z. B. nur auf den Inhalt unserer Gespräche zu achten, wenn Vayu schwingt. Entweder man spricht von traurigen Dingen, von menschlichen Unvollkommenheiten, oder es werden Reden schmutzigen oder gemeinen Inhalts geführt. In Vayu kommen die meisten Klatschereien, Ehrenabschneidungen, Verleumdungen oder Entstellungen vor; Lüge und Betrug feiern ihre Triumphe. Männer am Wirtshaustisch führen unzüchtige Reden und Frauen beim Kaffee zerzausen den lieben Nächsten. Schurken schmieden während Vayu ihre verbrecherischen Pläne, Kaufleute betrügen zu dieser Zeit oder finden wenigstens Neigung und Gelegenheit dazu. Selbst gutgesinnte, anständige Leute werden es nicht verhindern können, dass ihr Gespräch ein, der Beeinflussung dieses Tattwas entsprechendes Thema annehmen wird. Sie werden entweder von Reisen, Wetter, Luftschiffahrt oder ähnlichen Dingen sprechen, welchen eine Bewegung zugrunde liegt, oder vom Kranksein, Sterben, vorgekommenen Verbrechen usw.

Der kalte, berechnende Mörder steht unter dem Einfluss dieses Tattwas. Und alles was schlau, hinterlistig, betrügerisch ist, wird unter Vayu geboren.

Eine Empfängnis zur Vayuzeit ist sehr ungünstig, sie bringt der Mutter viel Beschwerden und eine schwere Geburt, oft aber auch Abortus.

Zur Vayuzeit darf man keine Einkäufe machen, wenn man sich vor Schädigung bewahren will.

Man nehme zu dieser Zeit auch keinen neuen Angestellten, Diener oder sonstiges Gesinde auf, lasse auch niemals dieselben während dieses Tattwas ihre Stelle antreten, denn Unredlichkeiten, Bosheit, Klatsch und Hinterlist, wenn nicht noch schlimmere Ereignisse wären die Folgen.

Man schliesse in diesem Tattwa weder ein Freundschafts- noch ein Herzensbündnis. Eine Verlobung oder ein Eheschluss während des Vayu würde viel Herzeleid, Enttäuschungen und Zwietracht bringen und nicht lange währen.

Man vermeide zu dieser Zeit alle Dinge zu beginnen, die von langer Dauer sein sollen.

Auch das Vayutattwa bringt viel Todesfälle, besonders durch Schlagfluss, Ersticken, Lähmungen, Vergiftungen und durch Erkältungen.

Das Vayutattwa (neben Tejas) beeinflusst auch sehr stark zum Selbstmord; Todesarten wie Erhängen und Ertrinken, Vergiften und Ersticken (besonders durch giftige Gase) werden von den Selbstmördern unter diesem Tattwa vorgezogen, ebenso auch das Herabstürzen von hohen Orten.

Wer unter diesem Tattwa geboren wird, ist kein Glückskind — er wird stets unter dem unheilvollen Einfluss und dem Druck einer Zwitternatur zu leiden haben. Auch der Gesundheitszustand wird im allgemeinen unbefriedigend sein und besonders wegen des Nervensystems Anlass zu Klagen geben.

Während des Vayutattwas ist es nicht angezeigt zu baden.

Dieses Tattwa macht zum Geiz geneigt, zum Neid und zum Hass. Man soll solchen Gefühlen während dieser Zeit keinen Raum gewähren, da sie sonst übermächtig anwachsen. Der tiefste Aspekt dieses Tattwas gehört den unsaubersten Instinkten der Menschheit an.

Das Vayutattwa ist ferner sehr ungünstig für alle Geldangelegenheiten; es bewirkt keine Vermögensvermehrung, auch keine Beständigkeit an irdischen Gütern, vielmehr Verluste.

Wer seine Heimat für längere Zeit verlässt — freiwillig oder gezwungen — wird dies meist während des Vayueinflusses tun.

Bei Erkrankungen äussert sich dieses Tattwa hauptsächlich durch mangelhafte Tätigkeit verschiedener Organe, während andere gleichzeitig eine gesundheitbedrohende Erregung erhalten, ferner durch Fieber, Zittern u. ä.

3. Das Tejastattwa.

Dieses Tattwa versetzt uns in einen stark positiven Zustand. Für den besseren Durchschnittsmenschen wirkt dieses Tattwa dergestalt, dass es ihm eine grössere Energie verleiht, zu erhöhterer Tätigkeit anregt und zu einer grösseren Produktion der Kräfte, er wird unter Umständen sogar geneigt sein, in dieser Beziehung zu übertreiben. Die Ausdrucksweise wird bestimmter sein und eine gewisse Schärfe enthalten, und die Lust zum Widerspruch, zum geistigen Kampf, zum Wettbewerb der psychischen und intellektuellen Kräfte sowohl als auch der physischen wird erwachen und nur mit Mühe in den gedeihlichen Grenzen zu halten sein, und wer zu anderen Zeiten noch so sanft ist und sich zu beherrschen vermag, wird zur Zeit dieses Tattwas in den Zustand einer grösseren Selbstbehauptung treten.

So gefährlich dieses Tattwa sonst für den Menschen wirken kann, so hat es doch auch seinen segensreichen Aspekt, denn es beeinflusst auch infolge seiner Ausdehnungsfähigkeit das Prinzip des Schaffens und des Werdens, es ist eine treibende Kraft zum Formen, daher ist dieses Tattwa den Schwingungen von Sonne und Mars zugesellt, deren radioaktive Einflüsse (die im letzten Grunde ja auch individuell bezw. planetarisch gefärbte tattwische sind) die gleichen Wirkungen zeitigen. Freiheit, Tüchtigkeit, Arbeit und grosse Handlungen werden durch den Tejaseinfluss erzeugt.

Das Tejastattwa zeigt sich in roter Farbe.

Sein Prinzip ist heiss, daher produziert dieses Tattwa im menschlichen Organismus auch eine erhöhtere Körperwärme. Man hat zu dieser Zeit ein grösseres Verlangen nach positiv schwingenden, scharf schmeckenden Nahrungsmitteln; zur Tejaszeit wird in uns das Verlangen nach Freiheit, Licht und Klarheit rege, und unser physisches Auge funktioniert besser.

Die Heilung negativer Krankheitsformen sollte zur Tejaszeit in Angriff genommen werden, sie werden dann sofort eine Wendung zum Besseren erhalten.

Wer einen militärischen Beruf, ein Amt bei Behörden (aber kein Richteramt), oder einen Beruf, der mit Feuer oder Eisen in Verbindung steht, während dieses Tattwas antritt oder erstrebt, wird Erfolg haben.

Beim Tejastattwa kann man kalt baden, ohne sich jemals zu erkälten.

Der Einfluss dieses Tattwas ist im allgemeinen weniger ungünstig wie das Vayu, jedoch ist dieses Tattwa auch nur für eine geringe Anzahl von Handlungen des menschlichen Lebens zu verwerten. Hauptsächlich werden alle jene Handlungen beeinflusst, die in irgendeiner Weise mit Feuer, Waffen, Krieg, Blut, Eisen, Maschinen und dgl. in Verbindung stehen, grosser Kühnheit bedürfen oder der Anwendung von Kraft und Gewalt. In industrieller Beziehung unterstehen diesem Tattwa hauptsächlich Maschinen- und Waffenerzeugung, Hochöfen, Giessereien, Sprengungen usw.

Die ungünstige Beeinflussung dieses Tattwas zeigt sich besonders bei noch elementar gesinnteren Menschen. Es ruft in ihnen eine starke Neigung zu agressivem Vorgehen, Streitlust, Zorn, Eifersucht usw. hervor. Während der Herrschaft des Tejastattwas geschehen die meisten Zornestaten, und jeder Zwist, der in dieser Zeit zum Austrag kommt, wird böse Dimensionen annehmen, denn das Tejastattwa birgt Streit und Kampf in sich.

Man schliesse während dieses Tattwas weder einen Liebes- noch einen Freundschaftsbund. Eine Ehe, die während der Tejaszeit eingegangen wird, ist beständig voll Kampf und Streit, beide Teile werden unausgesetzt nach der Oberherrschaft in der Familie trachten.

Hitzige Krankheiten, die während dieser Zeit beginnen, oder deren Krisis in dieses Tattwa fällt, enden meist unheilvoll. Dieses Tattwa bringt Unordnung in die Tätigkeit der Organe, verleiht aber eine grosse Widerstandsfähigkeit für die Hitze. Operative Eingriffe werden meist durch dieses Tattwa verursacht.

Alle rauheren Akte des menschlichen Lebens, in vielen Fällen auch der Tod, ereignen sich während dieses Tattwas. Auch ein grosser Teil der Selbstmörder fällt ihm zum Opfer, besonders durch Stich- und Schusswaffen.

Zur Tejaszeit gehe man niemals auf Reisen, wenn man sich vor Streit, Unannehmlichkeiten und Unfällen hüten will.

Unglücksfälle, die der Natur dieses Tattwas ihre Entstehung verdanken, haben immer eine verhängnisvolle Wirkung. Jedes Eisenbahnunglück während Tejas ist grauenvoll, ebenso alle Explosionen. Ein Brand, der zur Tattwazeit beginnt, wird stets grosse Dimensionen annehmen.

Für Künstler, Kaufleute, Gelehrte ist dieses Tattwa nicht günstig.

Der Erwerb von irdischen Gütern wird durch das Tejastattwa stark beeinträchtigt. Man vermeide daher zu dieser Zeit alle Geldgeschäfte und alle Operationen mit dem Vermögen.

Eine Empfängnis zur Tejaszeit ist für die Mutter ungünstig und bringt eine gefährliche Zeit, je nach Mondstellung und Stundenbeherrschung auch operative Eingriffe.

Ein Mensch, der zur Tejaszeit geboren wird, muss im Grunde seines Wesens, trotz der besten Erziehung, immer mit dem stark positiven Einfluss dieses Tattwas zu kämpfen haben, d. h. er wird sein ganzes Leben sehr viel Mühe aufwenden müssen, um das Agressive und Gewalttätige seiner inneren Natur einigermassen zu dämpfen.

4. Das Prithvitattwa.

Dieses Tattwa ist das Prinzip des Lebens. Es zeigt sich in gelber Farbe. Wir fühlen uns während dieses Tattwas gesund, behaglich und in freudig erregter Stimmung.

Prithvitattwa ist das Tattwa der Lebenslust, der Freude, aber auch der Gerechtigkeit, der Menschlichkeit und der Universalliebe. Der Einfluss dieses Tattwas drückt sich am besten in dem alten Volksspruch aus: leben und leben lassen.

Es macht das Bewusstsein der Zusammengehörigkeit lebendiger. Es ist auch selten, dass wirklich böse Handlungen während der Vibration dieses Tattwas vollbracht werden, dagegen kann man Handlungen der Humanität, der Geselligkei', der Ordnung wahrnehmen. Prithvi ist konservativ, auf die Erhaltung des Bestehenden bedacht. Die Schwingungen des Prithvitattwas entsprechen denen des Jupiters.

Daher ist Prithvi auch das Tattwa des Getzes. Der Richter, der sein Urteil während des Prithvitattwas fällt, wird gerecht urteilen.

Es ist aber auch das Tattwa der Verehrung, der Frömmigkeit und des Gebetes. Man bete, einerlei zu welchem Gegenstand frommer Verehrung, während des Prithvitattwas, und man wird eine wundersame Erhebung und Stärkung des Gemütes erhalten.

In der doppelten Beeinflussung dieses Tattwas liegt kein Widerspruch, denn seine beiden Aspekte liegen in einer Linie: Prithvi vertritt den gesunden Optimismus, den praktischen Idealismus der Neugedankenlehre; dieses Tattwa ist frei von Hass, Furcht, Neid, Zorn und Leidenschaften aller Art.

Was man während des Prithvitattwas beginnt, ist glückbringend und dauerhaft. Es wirkt ausgleichend, vereinigend, beharrend und erhaltend und ist besonders für den körperlichen Menschen vorteilhaft.

Ehen', in der Prithvizeit geschlossen, sind glücklichen Verlaufes, voll Harmonie und Liebe.

Eine Krankheit, die in Prithvi einsetzt oder in diesem Tattwa die Krisis hat, wird ungefährlich verlaufen, und bald beendet sein, und wer eine Kur während dieses Tattwas beginnt, wird bestimmt genesen.

Wer ein Freundschafts- oder Liebesverhältnis einzugehen wünscht, vollziehe diese Handlung im Prithvi, zwischen beiden Personen wird sich eine unzerstörbare Anhänglichkeit bilden und ihr gegenseitiges Verhältnis wird ein dauerndes und befriedigendes sein.

Wir haben hier auch das Tattwa der Kindes- und Elternliebe. Ein Kind, während Prithvi geboren, wird seine Eltern sehr lieben und ihnen sehr anhänglich sein, es bindet sich zwischen beiden ein inniges Seelenband, das sich in der hingebendsten Liebe zeigt.

Ein Vortrag, eine gesellige Vereinigung, eine Feier werden, zu diesem Tattwa begonnen, harmonisch und schön verlaufen.

Ist jemand gezwungen, sein Recht auf gerichtlichem Wege zu suchen, der unternehme die diesbezüglichen Schritten während dieses Tattwas, er wird gerechte Richter und seine Sache gut vertretende Anwälte finden.

Das Prithvitattwa erwärmt den Körper gedeihlich; es bewirkt einen süsslichen Geschmack, eine Vorliebe für wohlschmeckende süssliche Speisen und für Obst, und das Geruchsvermögen erfährt eine bedeutende Steigerung.

Es ist sehr günstig, während dieses Tattwas seine Mahlzeiten einzunehmen, sich zu baden oder irgendeine Körperpflege vorzunehmen.

Heilungsversuche gegen Krankheiten des Haarbodens, der Haut, der Muskeln, der Knochen, ferner der Nerven und Adern sollen in der Prithvizeit unternommen werden.

In Prithvi beginne man alles, was auf längere Dauer berechnet ist. Man beginne den Bau eines Hauses, die Gründung eines Unternehmens, suche, oder trete eine neue Stellung an, übersiedle in ein neues Heim, knüpfe Handelsbeziehungen an usw.

Das Prithvitattwa ist so recht das Erfolg-Tattwa, der Spender der Freude; Wachstum, Liebe, Freundschaft, Freude, Frohsinn, Erfolg, Heiterkeit sind seine Trabanten. Welche Handlungen man auch begeht, in diesem Tattwa wird nichts fehl schlagen.

Da dieses Tattwa das Liebesleben beeinflusst (siehe auch das Apastattwa), so wird die Empfängnis zu einer solchen Zeit (allerdings nur, wenn keine astralen Gegenwirkungen herrschen) eine sehr gute Schwangerschafts-

periode für die Mutter zeitigen. Eine Geburt zur Prithvizeit ist für Mutter und Kind günstig.

Dieses Tattwa hat keine böse Seite, es sei denn
das Uebermass in der Lebensbejahung des Tieferstehenden.

5. Das Apastattwa.

Dieses Tattwa ist der Gegenpol des Tejastattwas.
Alle Lebensverhältnisse, die der Natur des Tejas entsprechen, haben im Apas die Gegnerschaft.

Grosse Folgen wird niemals ein Streit haben, der
zur Apaszeit ausbricht, er kann keinen ernsten Charakter
haben und wird meist eine rasche Versöhnung folgen.
Ein Brand, der während der Apaszeit entsteht, wird nie
grössere Dimensionen annehmen und auch keinen nennens-
werteren Schaden anrichten, denn er wird in den meisten
Fällen schon zu Anfang gelöscht werden. Ein Blitzstrahl
während Apas wird selten zünden. Wer imstande ist, bei
einer hitzigen Krankheit das Apastattwa einzuleiten, der
wird dadurch bald seine Krankheit gebrochen haben.

Dieses Tattwa zeigt sich meist in einem grau-weiss-
lichen Ton, obwohl s e i n e F a r b e e i n r e i n e s W e i s s
i s t. Die Trübung hängt von der Entwicklungsstufe und
der Grundnatur des betreffenden Individuums ab.

Man schreibt diesem Tattwa das Wasser zu. Die Erfahrung bestätigt tatsächlich, dass ein Regen, der zu dieser
Zeit beginnt, lange anhält; zeigen sich zur Apaszeit am
Osthorizont grosse Wolken, so werden sich dieselben sehr
rasch zusammenziehen und einen andauernden Regen verursachen. Auch starke Schneefälle unterliegen diesem Tattwa.

Apas ist ein gutes Reisetattwa; besonders Seereisen
sollten nur zu dieser Zeit unternommen werden. Die Mit-
herrschaft des Mondes in diesem Tattwa bezw. die Gleich-
wertigkeit seiner Schwingungen bewirkt für alle Wasser-
fahrten einen günstigen Ausgang. Da aber dieses Tattwa
in seiner innersten Natur ebenfalls das Prinzip der Stabilität vertritt, so werden solche Reisen ein dauerndes Fest-
sitzen am Reiseziel zur Folge haben.

Apas wirkt zusammenziehend, konzentrierend. Dieses
Prinzip kann sich in allen Lebenslagen geltend machen.

Nichts ist günstiger, als zu dieser Zeit geschäftliche
Unternehmungen zu beginnen, Gelder anzulegen oder Spekulationen, Geld-, Bank- und Wechselgeschäfte durchzuführen.

In dem Apastattwa haben wir das Tattwa des Wohl-
standes, des Reichtums und der Ueppigkeit. Wenn einerseits durch den Mondeinfluss eine gewisse Beweglichkeit

diesem Tattwa innewohnt, so wird diese Beweglichkeit aber stets zum Mittelpunkt hinführen, also von aussen nach innen. Das Geld strömt herbei, wenn man Unternehmungen während dieses Tattwas beginnt, es wird wie magnetisch angezogen, um dauernd bei dem Besitzer zu bleiben und sich anzuhäufen. Wer beim Spiele das Apastattwa benützt, wird sicher immer gewinnen.

Apastattwa hat auch die Schwingungen der Venus. Es wird darum bezeichnet als das Tattwa der Lebensfreude, der Liebe, der Schönheit, der Kunst, des Erfolges, des Wachstums, der Anpflanzung, der Anhäufung von Reichtümern.

Während dieses Tattwas ist es sehr günstig, Schmuck oder Kleider zu kaufen oder zu verkaufen, wie ja überhaupt dieses Tattwa für Handel und Geschäfte nutzbringend ist. Während der Apaszeit eingekaufte Kleider sind gefällig, gut und dauerhaft.

Wenn man ausserdem bei seinen Einkäufen noch die entsprechende Gestirnstunde wählt, so kann man sicher sein, dass mann nie übervorteilt oder betrogen wird; die eingekauften Gegenstände werden sich als wohlfeil, dauernd und praktisch erweisen und dem Besitzer Zufriedenheit und Freude gewähren.

Wer zur Apaszeit übersiedelt, wird lange in der neuen Wohnung verbleiben.

Es ist sehr günstig, während dieses Tattwas eine neue Stellung anzutreten.

Für Land-, Feld- und Gartenwirtschaft ist dieses Tattwa ebenfalls sehr erfolgreich und nutzbringend. Man säe oder pflanze während des Apastattwas bei zunehmendem Mond.

Wer während dieses Tattwas Baulichkeiten beginnt oder kauft, wird Vorteil haben oder lange im Besitz derselben bleiben, und wer sie zu dieser Zeit verkauft, wird ein gutes Geschäft machen.

Das Apastattwa als Prinzip der Zusammenziehung und Konzentration hat ebenfalls einen doppelten Aspekt. Es wirkt für den Tieferstehenden als Egoismus, als Habgier, oder aber es regt zum übermässigen zügellosen Lebensgenuss an, denn es regiert die Freuden dieser Welt; den Höherentwickelten aber führt es zu einer ernsten Selbstbesinnung, zu einem geistigen Insichselbstversenken und wirksamen Verarbeiten angesammelter Eindrücke.

Apastattwa ist besonders auch für Künstler sehr günstig — es öffnet die Intuition und weckt in hohem Grade das künstlerische Empfinden. Daher sollen Künstler (jeder Kunstrichtung) nur zu dieser Zeit eine neue Arbeit beginnen. Aber auch die Veröffentlichung derselben soll während des

Apastattwas geschehen, dann wird auch die finanzielle Seite sehr befriedigend ausfallen. Man wähle für beide Fälle eine gute Merkur- oder Venusstunde.

Die sexuelle Liebe findet hauptsächlich in Apas ihre Vertretung. Dieses Tattwa regiert die Empfängnis und den Mutterleib. Die Frau, die während des Apastattwas empfängt, wird eine fast beschwerdenlose Schwangerschaft und eine leichte Geburt haben.

Das Apastattwa erregt alle Geschmacksempfindungen sehr scharf und wirkt auf diesen Sinn ein. Während dieses Tattwas wird sich besonders ein grosses Verlangen nach Speisen bemerkbar machen, die den Gaumen reizen.

Auch soll man sich zur Apaszeit vor Trinkgelagen hüten, denn dieselben werden jedesmal in Völlerei enden.

Im allgemeinen wirkt Apas sehr günstig auf den Menschen. Es führt zu Friede, Freude, Geselligkeit, Heiterkeit, Fröhlichkeit, Spiel, Tanz und Vergnügungen aller Art, es regt die geistige und intellektuelle Entwicklung an und macht den Sinn ungemein aufnahmefähig für Schönheit und Kunst; sein günstiger Aspekt wirkt veredelnd und aufbauend und ist für das einzelne Individuum im Sinne eines höheren Egoismus ein eminenter Entwicklungsfaktor.

Gute Werke soll man besonders zu diesem Tattwa ausführen.

Auch dieses Tattwa hat keine ausgesprochen böse Seite, die Wirkung ist hauptsächlich vom Individuum und seiner Auffassung abhängig. Für den höher Entwickelten ist es der Trieb zur Universalliebe, für den Durchschnittsmenschen der irdische Erfolg und für den ethisch tieferstehenden Ichmenschen das Ausleben des Genusstriebes.

---

9. Beispiele.

1. Frage.

Werde ich ein langes Leben haben?

Diese Frage wurde in Berlin am 20. Oktober 1920, nachmittags 4 Uhr 15 Min. (M. E. Z.) von einer jüngeren Dame gestellt.

Die Tafel zur Umrechnung der Ortszeit in M. E. Z zeigt für Berlin einen Unterschied von 6 Min. 25 Sekunden mit + als Vorzeichen. Da wir aber zum Zwecke der Horoskopberechnung M. E. Z. in Ortszeit umzuwandeln haben, werden wir das entgegengesetzte Vorzeichen —

berücksichtigen und 6 Min. von der Fragezeit 4 Uhr 15 Min.
in Abzug ☽ bringen, was 4 Uhr 9 Min. als Ortszeit für die
Fragestellung ergibt.

Wir berechnen nun für Berlin und diese Ortszeit
ein Horoskop, wobei wir nur das 10. und 1. Haus sphärisch-
trigonometrisch bestimmen, dagegen die anderen Häuserspitzen den Häuser-Tabellen in Band I dieser Kollektion
entnehmen. Die geozentrischen Orte der Himmelskörper
werden, da Greenwich-Ephemeriden benützt wurden, auf
3 Uhr 15 Min. berechnet (4 h 9 m weniger östliche Länge
von Berlin 0 h 53 m 35 sek = 3 Uhr 15 Min.).

Nachstehende Figur zeigt das dem entsprechende
Stundenhoroskop.

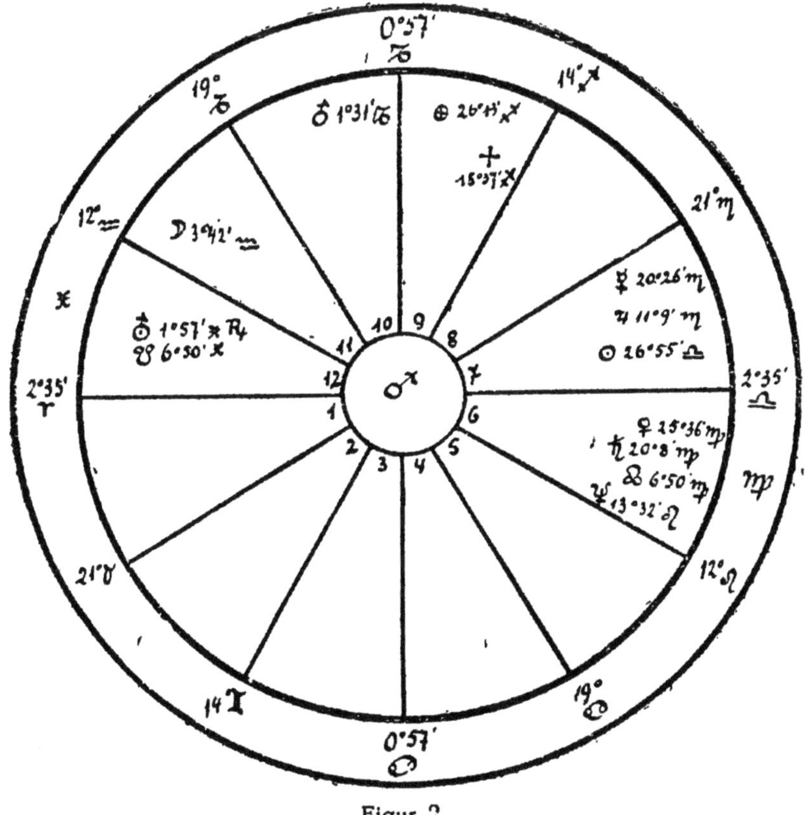

Figur 2

Deklinationen:

☉	10° 23′ —	☿	11° 31′ —	♂	25° 9′ —
☽	14° 11′ —	♄	5° 36′ +—	♀	19° 46′ —
♆	16° 47′ +	♃	8° 16′ +	☿	20° 22′ —

Es ist nun für die Zeit der Fragestellung die Gestirnstunde und das herrschende Tattwa zu berechnen.

Die Sonne ging am 20. Oktober um 6 Uhr 35 Min. unter (Siehe Tabellen in „Tattwische und astrale Einflüsse). Das ist Ortszeit. Durch Zuzählung von 6 Min. ergibt sich M. E. Z.

$$
\begin{array}{rcl}
\text{Mittag} & = & 12^{\text{h}} \;\; 0^{\text{m}} \\
- \; \odot \text{ Aufgang M. E. Z.} & = & 6^{\text{h}} \; 41^{\text{m}} \\
\hline
 & & 5^{\text{h}} \; 19^{\text{m}} \\
+ \; \odot \text{ Untergang M. E. Z.} & = & 5^{\text{h}} \;\; 0^{\text{m}} \\
\hline
\text{Dauer des Tages} & = & 10^{\text{h}} \; 19^{\text{m}}
\end{array}
$$

Diese Zeit in Minuten verwandelt, gibt 619 Minuten, geteilt durch 12 erhält man $51\,^7/_{12}$ Minuten als Dauer für eine Gestirnstunde. Der 20. Oktober 1920 war ein Mittwoch, daher wird die erste Gestirnstunde zu ⊙ Aufgang vom ☿ beherrscht werden.

⊙ Aufgang	$6^{\text{h}}\,41\quad^{\text{m}}$ =	1. Gestirnstunde		☿
+	$51\,^7/_{12}\,^{\text{m}}$			
	$7^{\text{h}}\,32\,^7/_{12}\,^{\text{m}}$ =	2.	„	☽
+	$51\,^7/_{12}\,^{\text{m}}$			
	$8^{\text{h}}\,24\,^2/_{12}\,^{\text{m}}$ =	3.	„	♄
+	$51\,^7/_{12}\,^{\text{m}}$			
	$9^{\text{h}}\,15\,^0/_{12}\,^{\text{m}}$ =	4.	„	♃
+	$51\,^7/_{1\text{·}}\,^{\text{m}}$			
	$10^{\text{h}}\,7\,^4/_{12}\,^{\text{m}}$ =	5.	„	♂
+	$51\,^7/_{12}\,^{\text{m}}$			
	$10^{\text{h}}\,58\,^{11}/_{12}\,^{\text{m}}$ =	6.	„	⊙
+	$51\,^7/_{12}\,^{\text{m}}$			
	$11^{\text{h}}\,49\,^8/_{12}\,^{\text{m}}$ =	7.	„	♀
+	$51\,^7/_{12}\,^{\text{m}}$			
	$12^{\text{h}}\,41\,^1/_{12}\,^{\text{m}}$ =	8.	„	☿
+	$51\,^7/_{12}\,^{\text{m}}$			
	$1^{\text{h}}\,32\,^8/_{12}\,^{\text{m}}$ =	9.	„	☽
+	$51\,^7/_{12}\,^{\text{m}}$			
	$2^{\text{h}}\,23\,^3/_{12}\,^{\text{m}}$ =	10.	„	♄
+	$51\,^7/_{12}\,^{\text{m}}$			
	$3^{\text{h}}\,14\,^{10}/_{12}\,^{\text{m}}$ =	11.	„	♃
+	$51\,^7/_{12}\,^{\text{m}}$			
	$4^{\text{h}}\,6\,^5/_{12}\,^{\text{m}}$ =	12.		♂

Von 4 Uhr 6 Min. an regierte der ♂. Die Zeit der Fragestellung 4 Uhr 15 Min. fällt also in die M a r s g e - s t i r n s t u n d e.

Mit Sonnenaufgang 6 Uhr 41 Min. begann das Akashtattwa. 24 Minuten später, also 7 Uhr 5 Min. das Vaju, 7 Uhr 29 Min. das Tejas, 7 Uhr 53 Min. das Prithvi und 8 Uhr 17 Min. das Apastattwa. Die Fragezeit 4 Uhr 15 Min. fällt zwischen 3 Uhr 53 Min. und 4 Uhr 17 Min. also in das P r i t h v i t a t t w a.

Für das Horoskop dieser Fragestellung lässt sich nun folgende Prognose stellen

Der Frager wird durch das 1. Haus, dessen Herrn und die in diesem Hause sich befindlichen Himmelskörper repräsentiert. Wir finden das 1. Haus im Zeichen ♈, daher ist ♂ der Herr des 1. Hauses; er befindet sich im 10. Hause im Zeichen ♑, im ⊻ mit dem ☽, ✶ mit ☊. Der Cosignifikator des Fragers, der ☽ steht im 11. Hause im Zeichen ♒ und im ⊻ mit ☊ und ♂, im ⚻ ♄, und ∕ ♆.

Der ♂ ist sehr kräftig, da er im 10. Hause steht, in einem Eckhause und im Zeichen ♑, dem Zeichen seiner Erhöhung. Der Cosignifikator ☽ im Zeichen ♒ ist sehr schwach gestellt.

Der Generalsignifikator ♂ im Zeichen ♑ charakteri-siert die Fragerin als eine kurze, gedrungene, etwas magere Gestalt von dunkler Farbe. In ihren Handlungen ist sie glücklich und erfolgreich, verschmitzt, schlau und vor-sichtig, oft sehr durchtrieben, misstrauisch, beharrlich und ehrgeizig. Sowohl das ✶ des ☊ als auch das ⊻ mit ☽ gibt ihr viel Liebe zu Veränderungen, Rastlosigkeit, Unbestän-digkeit.

Der Cosignifikator ☽ hat die ungünstige ⚻· Bestrah-lung des ♄ aus dem 6. Hause (Krankheitshaus) und er selbst bestrahlt den Punkt für Krankheit und Tod durch das Halbquadrat. Dieser Punkt erhält ausserdem □ ♄.

Da der Herr des 1. Hauses und die ☉ je in einem Eckhause und frei von schlechten Aspekten stehen, kann die Frage bejaht werden, doch ist die Einschränkung zu be-obachten, dass der ☽ nicht in einem Eckhause steht, schlecht mit ♄ verbunden ist und auch der Punkt für Krankheit und Tod ungünstig bestrahlt wird; wenn man noch be-achtet, dass die ☉ im Zeichen ♎ keinesfalls kräftig steht, so kann man die Frage nur mit etwas mehr als „m i t t - l e r e r L e b e n s z e i t" beantworten.

Auch die Gestirnstunde ♂ spricht nicht für eine sehr lange Lebenszeit, wohl aber das Prithvitattwa. Sehr langes Leben versprechen nur die von ♃, ♀, ☉ beherrschten Gestirnstunden und das Prithvi- oder Apastattwa.

2. Frage

Es wird Auskunft über ein in Verlust geratenes Kind verlangt.

Es wurde am 11. November 1901, vormittags 11 Uhr 36 Min. 25 Sek. in Berlin die Frage über das vermisste Kind gestellt.

Da die Zeit der Fragestellung M. E. Z. ist, muss sie daher in Berliner Ortszeit verwandelt werden.

Die Tafel zur Umrechnung der Ortszeit in M. E. Z. zeigt für Berlin einen Unterschied von 6 Min. 25 Sek. mit dem Vorzeichen +. Demnach wird die M. E. Z. in Berlin um 6 Min. 25 Sek. grösser sein als die Ortszeit. Da wir aber M. E. Z. in Ortszeit zu verwandeln haben, weil das Horoskop auf Ortszeit aufgebaut werden muss, so rechnen wir mit dem Vorzeichen — (minus).

Zeit der Fragestellung	=	11 h 36 m 25 sek
— Unterschied	=	6 m 25 sek
Ortszeit der Fragestellung (Berlin)	=	11 h 30 m — sek

Das gleiche Resultat kann man durch Rechnung unter Zuhilfenahme des Normalmeridian Görlitz erreichen. Berlins geographische Position ist 52° 30' + Breite und 0 h 53 m 35 sek östliche Länge von Greenwich.

Normalmeridian Görlitz	=	1 h 0 m 0 sek
— östliche Länge von Berlin	=	0 h 53 m 35 sek
Unterschied	=	6 m 25 sek

In Band I Astrologische Kollektion heisst es: „Wenn die östliche Länge des Ortes kleiner ist als die östliche Länge des Normalmeridians, so zieht man von der gegebenen M. E. Z. den Unterschied ab und erhält so die Ortszeit."

Zeit der Fragestellung (M. E. Z)	=	11 h 36 m 25 sek
— Unterschied	=	6 m 25 sek
Ortszeit (wie oben)	=	11 h 30 m — sek

Die Ortszeit der Fragestellung werden wir astrologisch ausdrücken und zwar 10. November 1901 + 23 h 30 m. Für diese Zeit berechnen wir das Horoskop auf den Horizont von Berlin, dem Ort der Fragestellung. Das 10. und 1. Haus wurde sphärisch-trigonometrisch berechnet und die anderen Häuserspitzen den Häusertabellen Band I Astrologische Kollektion entnommen. Die geozentrischen Ekliptikorte der

Himmelskörper sind auf 22ʰ 36ᵐ berechnet, also mit Abzug der östlichen Länge Berlins, in Rücksicht auf die dafür verwendeten Ephemeriden von Greenwich.

Das Stundenhoroskop für diese Frage stellt sich nun folgenderart dar:

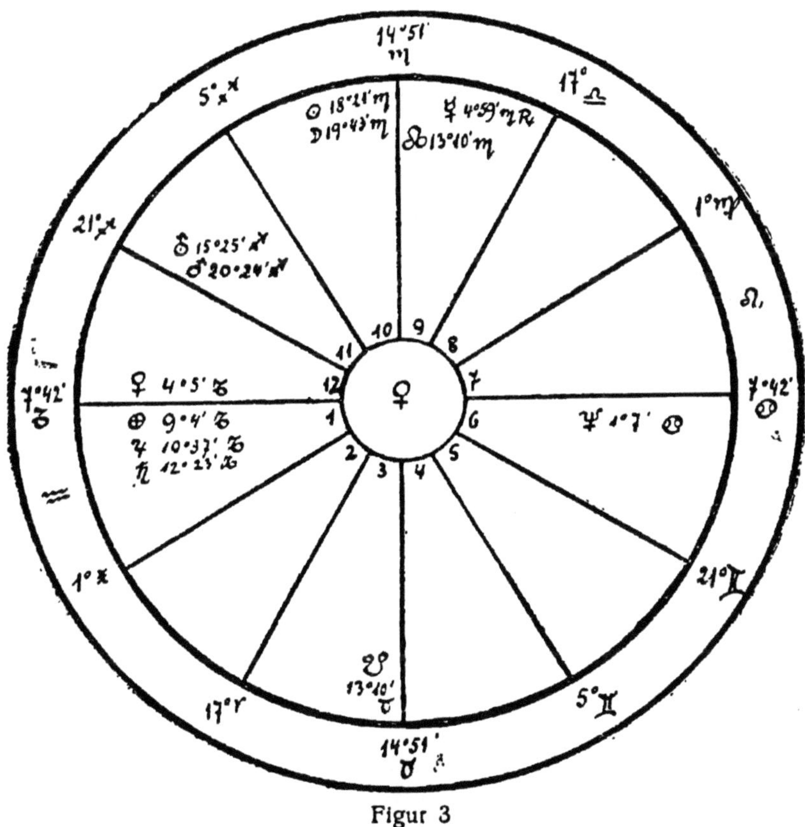

Figur 3

Punkt für Kinder = 9° 28′ ♑

Deklinationen:

☉ = 17° 17′		♄ = 22° 38′
☽ = 17° 6′		♃ = 23° 14′
♅ = 22° 15′		♂ = 24° 5′
☊ = 22° 42′		♀ = 26° 17′
	☿ = 11° 33′	

Nun haben wir für die Zeit der Fragestellung den regierenden Himmelskörper zu bestimmen.

Die ☉ ging am 11. November 1901 um 7 Uhr 16 Min. auf und um 4 Uhr 12 Min. unter. Das aber ist Ortszeit.

Nach M. E. Z. ging sie (+ 6 m) um 7 Uhr 22 Min. auf und
um 4 Uhr 18 Min. unter.

$$
\begin{array}{rll}
 & \text{Mittag} & 12^{\text{h}} \;\; 0^{\text{m}} \\
- \; \odot \text{ Aufgang} & = & 7^{\text{h}} \; 22^{\text{m}} \\
\hline
 & & 4^{\text{h}} \; 38^{\text{m}} \\
+ \; \odot \text{ Untergang} & = & 4^{\text{h}} \; 18^{\text{m}} \\
\hline
\text{Dauer des Tages} & = & 8^{\text{h}} \; 56^{\text{m}}
\end{array}
$$

Die 8 Stunden 56 Min. in Minuten verwandelt, ergeben
536 Minuten. Geteilt durch 12, erhält man für eine Gestirnstunde die Dauer von 44²/₃ Minuten. Der 11. November
1901 war ein Montag. Mit Hilfe der Tabelle für die Tagesgestirnstunden rechnen wir:

$$
\begin{array}{lll}
\odot \text{ Aufgang} \quad 7^{\text{h}} \; 22 \;\; ^{\text{m}} = 1. \text{ Gestirnstunde} & & \mathbb{D} \\
+ \quad 0^{\text{h}} \; 44^{2}/_{3}{}^{\text{m}} & & \\
\hline
8^{\text{h}} \;\; 6^{2}/_{3}{}^{\text{m}} = 2. & \text{\textquotedbl} & \hbar \\
+ \quad 0^{\text{h}} \; 44^{2}/_{3}{}^{\text{m}} & & \\
\hline
8^{\text{h}} \; 51^{1}/_{3}{}^{\text{m}} = 3. & \text{\textquotedbl} & \; 4 \\
+ \quad 0^{\text{h}} \; 44^{2}/_{3}{}^{\text{m}} & & \\
\hline
9^{\text{h}} \; 36 \;\; ^{\text{m}} = 4. & \text{\textquotedbl} & \; \sigma \\
+ \quad 0^{\text{h}} \; 44^{2}/_{3}{}^{\text{m}} & & \\
\hline
10^{\text{h}} \; 20^{2}/_{3}{}^{\text{m}} = 5. & \text{\textquotedbl} & \odot \\
+ \quad 0^{\text{h}} \; 44^{2}/_{3}{}^{\text{m}} & & \\
\hline
11^{\text{h}} \;\; 5^{1}/_{3}{}^{\text{m}} = 6. & \text{\textquotedbl} & \; \varphi
\end{array}
$$

Zur Zeit der Fragestellung, 11 Uhr 30 Minuten, regierte also die ♀. Zur selben Stunde war Akashtattwa
im Lauf.

Wir können nun zur Prognose schreiten.

Das 1. Haus, der Herr desselben und die Himmelskörper in diesem Hause, sowie der ☽ sind die Signifikatoren
für den Frager. Das 1. Haus steht im Zeichen ♒, daher
ist ♄ der Herr des 1. Hauses. Er steht auch im 1. Hause
und in seinem Zeichen, ausserdem in ♂ mit ♃ und ⊕ und
im ✳ mit ☉ und ☽. Der Cosignifikator des Fragers steht
im Eckhause (10. Haus). Er ist in dem Zeichen ♏. In
diesem Zeichen hat er allerdings seinen Fall, befindet sich
aber in ♂ mit der ☉ und in ✳ mit ♄ und ♃.

Der Generalsignifikator ♄ im Zeichen ♒ deutet auf
eine magere Gestalt, dunkelhaarig, kleine Augen und langes
Gesicht. Eine unzufriedene Persönlichkeit. ♄ befindet sich

in ♂♃ und in weiterer ♂ mit ♀, im ✶ mit ☉ und ☽. Diese Konstellationen deuten also (siehe Beeinflussung durch Aspekte) auf eine Person mit religiösen Bestrebungen, die Erfolg in der Landwirtschaft hat. Die ♂ mit der ♀ vermindert in etwas die Strenge und Zurückhaltung. Der ✶ ☉ dagegen macht streng, gibt jedoch edle Anlagen, während der ✶ ☽ zu Eifersucht, Unaufrichtigkeit und Veränderungsliebe geneigt macht.

In der Tat entsprach der Fragesteller, ein sehr religiös veranlagter Gutsbesitzer, diesen durch den Generalsignifikator angedeuteten Eigenschaften. Er war eine echte Saturnnatur der besseren Entwicklungsstufe.

Der Herr des 5. Hauses ist der Signifikator für das vermisste Kind, ein Knabe im Alter von ungefähr 10 Jahren. Der Herr des 5. Hauses ist der ☿. Er steht im 9. Hause (fallendes Haus) im Zeichen ♏ und ist rückläufig, befindet sich aber im ✶ mit ♀. ☿ hat im Skorpion keine hervorragende Würde, ist also dort nicht besonders kräftig.

Der ☿ im Zeichen ♏ weist auf einen breitschultrigen Menschen mit dunklen Haaren. Er ist durchtrieben, schlau, verschmitzt, egoistisch, spottsüchtig und von einer verletzenden Schärfe in der Rede. Der ✶ der ♀ korrigiert diese Anlagen einigermassen, er verleiht künstlerische Neigungen und eine gewisse Liebenswürdigkeit.

Der Knabe entsprach zum grössten Teil auch dieser Darstellung. Er war sehr klug, schlau und verschmitzt und hatte seinem Vater, obwohl er ihn durch seine Liebenswürdigkeit immer wieder zu gewinnen wusste, manche Sorge bereitet.

Der ☿ im 9. Hause zeigt nun, dass der Knabe sich zur Fragezeit auf einer längeren Reise befand. Der △ des rückläufigen ♅ aus dem 6. Hause und dem Zeichen ♋ beeinflusste den Knaben zu romantischen Grillen und liess in ihm die Idee erwachen, sich der Strenge des Vaters zu entziehen und heimlich zu seiner in einem Kurort in Süddeutschland weilenden, an einer unheilbaren Krankheit leidenden und von dem Vater dauernd getrennten Mutter zu reisen. Siehe ♀ im 12. Hause und in ☌ ♅ aus dem 6. Hause. ☊ und ♂ im Hause der Freunde, im ♃-Zeichen, der das 2. Haus regiert, stellen Kameraden dar, die mit Taschengeld aushalfen, um die Reise zu ermöglichen. Da aber das wenige Geld nicht reichte, so war er entschlossen, einen Teil der Reise zu Fuss zurück zu legen.

Der Vater, der den Sohn trotz seiner Fehler sehr liebte, (siehe Punkt für Kinder in ♂ mit ♄), wollte nun

wissen, nachdem ihm der Astrologe den ganzen Zusammenhang erklärt hatte, ob dem Knaben Gefahr drohe und
war sehr erfreut, als er hörte, dass der ☊ im Zeichen des
☿, sowie ☉ und ☽ im selben Zeichen Schutz verleihen.
Ferner prognostizierte er dem Vater eine leichte Erkrankung des Knaben infolge der überstandenen Aufregungen (☿ R △ ♆ 6. Haus). Er sagte ihm auch, dass
der Knabe das Ziel seiner Reise erreichen werde, denn
☿ steht im ✳ mit ♀, dass er von seiner Mutter bis zur
Genesung zurückgehalten werden würde und dass dieselbe
überhaupt die Absicht habe, das Kind nicht mehr heraus-
zugeben, infolge ♀ ☌ ♆.. Dass aber behördliche Anstrengungen Erfolg haben würden, dass er unbedingt sein Kind
wieder zurück erhalten müsste infolge des Applikations-✳
zwischen ☿ und ♄ und ♃. Da es aber nur plaktische
Sextilscheine sind und der Signifikator für das Kind rückläufig ist, so würde es längerer Zeit bedürfen, bis die
Rückgabe durchgesetzt wäre. Tatsächlich erfolgte dieselbe
erst, schon wegen der Krankheit des Knaben, am
2. Januar 1902, als der ☿ in seinem Tageslauf über den
♃ ging.

Bezeichnend ist, dass der Punkt für Kinder am Aszendenten steht. Dadurch ist die Natur der Frage gekennzeichnet.

Die Gestirnstunde ♀ weist ebenfalls auf einen glücklichen Ausgang, umsomehr als die ♀ in plaktischer ☌ mit
dem Signifikator des Fragers sich befindet.

Für okkult geschulte Leser wird der schon erwähnte
Umstand interessant sein, dass im Augenblicke der Fragestellung das Akashtattwa im Lauf war. Dieses Tattwa
zeigt Verwirrungen an, Verluste, Diebstähle usw. Es
entspricht also ebenfalls der Natur der Frage.

Dass sich der Knabe nach Süddeutschland begeben
hatte, konnte der Astrologe aus der Stellung des Signifikators ☿ im Zeichen ♏ ersehen, das ein südliches Zeichen
ist und Bayern bedeutet.

3. Frage.

Um Auskunft über ein gestohlenes Geld.

Diese Frage wurde in Hamburg von einer Dame am
4. März 1910, nachmittags 3 Uhr 15 Min. gestellt.

Hamburg M. E. Z. 3 Uhr 15 Min. gibt Ortszeit 2 Uhr
55 Min. Fig. 2 zeigt das für diesen Zeitpunkt auf Hamburg
errichtete Stundenhoroskop.

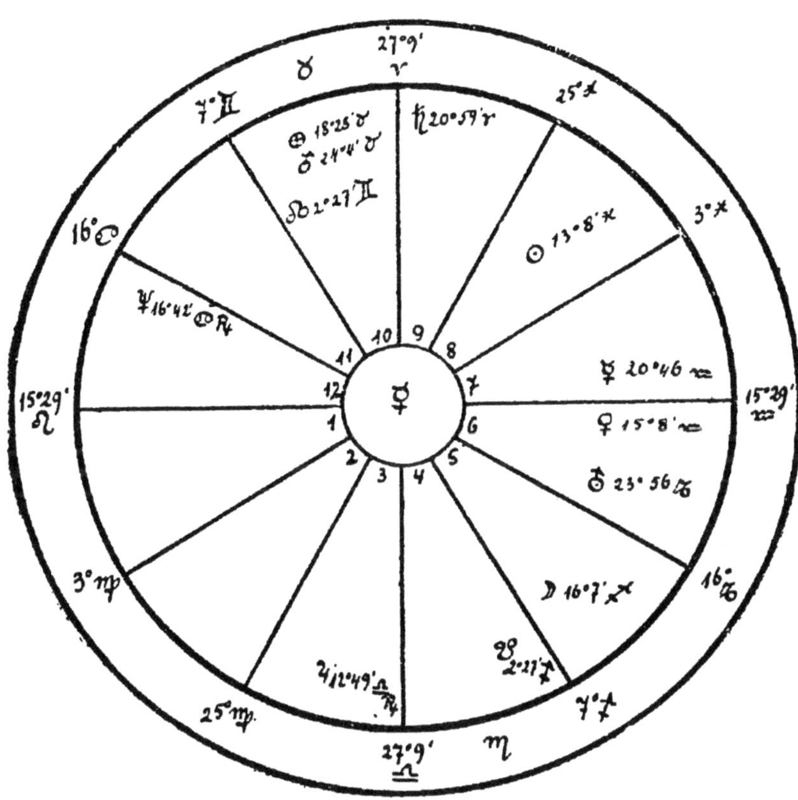

Figur 4

Deklinationen:

$\odot = 6° 38'$ $\saturn = 6° 4'$

$\mathcal{D} = 23° 55'$ $\jupiter = 3° 38'$

$\psi = 21° 43'$ $\mars = 19° 58'$

$\uranus = 21° 47'$ $\venus = 9° 19'$

$\mercury = 16° 30'$

Der Sonnenaufgang, umgerechnet auf M. E. Z. war am 4. März 1910 um 7 Uhr 5 Min. und der Sonnenuntergang um 6 Uhr. Der Tag der Fragestellung war ein Freitag. Die für die Zeit der Fragestellung entfallende Gestirnstunde ist vom ☿ regiert.

Der ☿ regiert das 2. Haus in diesem Horoskop, das Haus für Vermögen, damit ist also die Natur dieser Frage schon gegeben. Ebenso durch das gleichzeitig schwingende Akashtattwa, welches Verlust anzeigt, Diebstahl usw.

Die Signifikatoren für die Fragestellerin sind der Herr des 1. Hauses (hier die ☉, weil das 1. Haus im Zeichen ♌ steht) und der ☽.

Die ☉ steht im □ ☽, △ ♅ und ⚹ mit ♄.

Die ☉ im Zeichen ♓ (8. Haus) macht kurze, etwas schwerfällige, fleischige Gestalten mit rundem, vollem Gesicht. Gütige, barmherzige Menschen, die aber gewöhnlich furchtsam sind und ängstlich und sehr rasch aus der Fassung kommen. Der □ Aspekt mit ☽ bringt Gegnerschaften mit weiblichen Personen und beim Volk. Sehr ungünstige Konstellation, besonders für das weibliche Geschlecht und in Liebes- oder Geldangelegenheiten verhindernd und trennend wirkend. Der ⚹ mit Saturn weist auf viel Hindernisse und Schwierigkeiten. Gefährliche Absichten. Bringt Schaden durch Bürgschaft u. ä. Zu weitgehendes Vertrauen, Unvorsichtigkeit.

Damit ist sowohl der ganze Fall als auch die Fragestellerin gekennzeichnet, deren körperliche Erscheinung der obigen Beschreibung so ziemlich entsprach.

Eingehend auf die Beantwortung der Frage finden wir den Signifikator der Fragestellerin, die ☉ im 8. Hause, dem Hause des Vermögens des Gatten. Das gestohlene Geld war also dem Gatten zugehörig.

Der Herr des 12. Hauses (für Diebstahl) ist der ☽, der sich im 5. Hause befindet. Da der ☽ aber auch der Cosignifikator für den Fragesteller ist, kann er für den Dieb nicht in Betracht kommen. Es ist daher als Signifikator für den Dieb der Herr des 7. Hauses (♄, weil das 7. Haus im Zeichen ♒ steht), und der sich in diesem Hause befindliche ☿ anzusehen. Beide stehen zu einander im ⚹-Aspekt. Der ☿ ist gleichzeitig der Herr des 2. Hauses, des Hauses für das Vermögen. Sein ⚹ mit dem ♄ und der Umstand, dass der ♄ auch der Herr des 6. Hauses, des Hauses für Diener und Angestellte ist, beweisst, dass der Dieb unter diesen zu suchen ist und zwar ist er eine Persönlichkeit, die mit Kassengeschäften des Gatten betraut gewesen sein musste. Diese Person befand sich zur Zeit der Fragestellung auf Reisen, was ♄ im 9. Hause beweist. Tatsächlich war es auch so. Man hatte es hier mit einem schon seit längerer Zeit ungetreuen Kassenbeamten zu tun, wie ♄ □ ☍ zeigt. Man hatte den Beamten vor kurzer Zeit auf Reisen geschickt. Seitdem fehlte ein grösserer Geldbetrag. Die Beschreibung der Persönlichkeit des Beamten, die sich durch die Stellung des ♄ im Zeichen ♈ und ⚹ ☿, □ ☍ und △ ☽ ergab, stimmte vollständig überein. Nach dieser Aussage erklärte die Dame, dass ihr Gatte noch ohne jede Nachricht über den Verbleib und die Tätigkeit des Beamten wäre, was schon aufgefallen sei, da er sonst sehr pünktlich war. Der Astrologe riet sofort zur Anzeige, da der ♄ im ☐ mit ♅ stehe, der sich in einem ☐ mit ♂ befindet und der Verbrecher demnach die Absicht zu haben scheine, in das Ausland zu flüchten, wahrscheinlich nach England (♄ im ♈), weil der ♅ im Wasserzeichen ♋ steht.

Auf die Frage, ob ihr Gatte wieder zu dem gestohlenen Gelde kommen würde, erfolgte eine ungünstige Antwort. Der Signifikator der Fragestellerin, die ☉, steht im ♐ mit ♄, der Cosignitikator ☽ ebenfalls im ♐ mit ♄, aber auch im △ mit ihm. Der Herr des 8. Hauses, der ♃, als bedeutsam für das Vermögen des Gatten, ist rückläufig im 3. Hause und in ☍ mit ♄. Dagegen befindet sich der Herr des 2. Hauses in ☌ mit der ♀. Es würde also nur ein Teil des Geldes aufgebracht werden können, woran sich Verwandte des Verbrechers beteiligen würden, weil der Herr des 8. Hauses, der ♃ im △ mit der ♀ steht. Die Rückläufigkeit beider Planeten zeigt an, dass das Geld nur in kleineren Abschlagszahlungen erstattet werden könnte. Für die Rückerstattungsunfähigkeit des ungetreuen Beamten spricht auch die schlechte Stellung des ♄ im Zeichen ♈, der im 20° dieses Zeichens in seinem Fall steht. Der ♃ im Zeichen ♑ ist schwach und die ☉ in diesem Zeichen steht in ihrem Fall. Damit ist auch die Vermögensschädigung des Gatten gekennzeichnet. In diesem Zeichen ist aber der ♄ sehr kräftig, weil er in seiner Erhöhung steht, weshalb der Schluss berechtigt ist, dass der Verbrecher nicht so bald von der Justiz ergriffen werden wird.

Auch diese Annahme stimmte. Erst nach einiger Zeit gelang es der englischen Behörde, den Beamten festzunehmen und nach Deutschland auszuliefern. Nachdem er gestanden hatte, bequemten sich die ehrlichen Verwandten zur ratenweisen Zahlung einer Teilsumme.

4. Frage.

Werde ich noch grossen Reichtum erwerben?

Diese Frage wurde von einem Herrn zu Berlin am 5. Juni 1921, nachmittags 12 Uhr 15 Min. M. E. Z., gestellt. Berliner Ortszeit war 12 Uhr 9 Min. Nachstehend das Horoskop, dessen sämtliche Häuserspitzen den Tabellen entnommen sind.

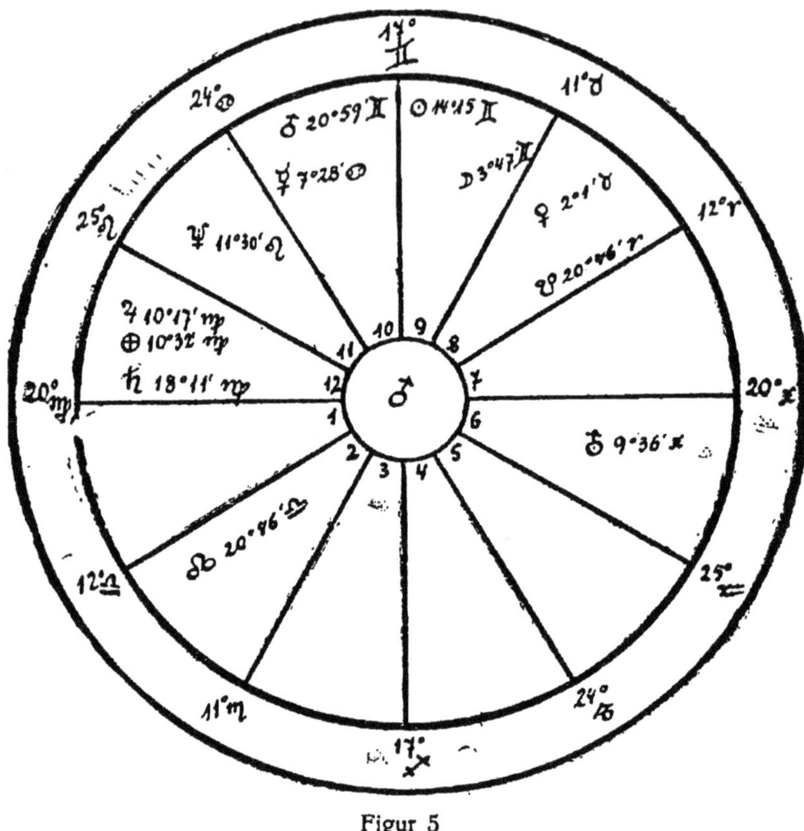

Figur 5

Punkt für Vermögen 22° 1′ ♎ (♂ ☊)

Deklinationen:

☉	22° 31′ +	☿	8° 41′ —	♂	23° 48′ +
☽	17° 49′ +	♄	6° 43′ +	♀	10° 10′ +
♇	17° 24′ +	♃	8° 52′ +	☿	25° 9′ +

Diese Frage wurde zur Marsstunde und während des Akashtattwas gestellt, allerdings mit dem Apasunterton, was die finanzielle Natur der Frage anzeigt.

Da das 1. Haus im Zeichen Jungfrau steht, ist ☿ der Generalsignifikator. Er befindet sich im 10. Hause im Zeichen ♋ und im ✳ mit ♃ sowie ♀ und im △ mit ☍.

Der Cosignifikator ☽ steht im 9. Hause im Zeichen ♊ und im ⊻ mit ♀, aber □ ☍ und □ ♃.

Der ausschlaggebende Herr des 2. Hauses ist die ♀, die sich im 8. Hause, aber sehr kräftig, im Zeichen ♉ und

im ✶ mit ⚷, ✶ mit ♀, △ mit ♃, ⊻ mit ☽ und ⚹ ♃ befindet.

Der ⊕ im 12. Hause erhält ☌ ♃, ✶ ♀, □ ☉, ☍ ⚷; der
Punkt für Vermögen im 2. Hause steht in ☌ mit ☊ und
erhält △ ♂. Der Herr· des 4. Hauses ist der ♃, der sich
im Zeichen des Aszendenten im 12. Hause befindet.

Es ist als ein günstiges, die Frage im bejahenden
Sinne aufzufassendes Zeichen anzunehmen, dass die Herren
des 1. und 2. Hauses, ·☿ und ♀, günstig bestrahlt sind und
einander im ✶ anblicken und beide in guten Aspekten
zu ♃ stehen, welcher der Herr des 4. Hauses ist. Auch
die günstige Bestrahlung des 2. Hauses spricht für die
Bejahung, ebenso der Punkt für Vermögen im 2. Hause
in ☌ mit ☊, desgleichen seine Bestrahlung durch △ ♂ aus
dem 10. Hause und ebenso die Anwesenheit des ☊ im
2. Hause. Als günstiges Zeichen ist auch zu beachten,
dass die beiden Fragersignifikatoren ☿ und ☽ in Rezeption
stehen.

Abschwächend dagegen wirkt die ungünstige Bestrahlung des 1.Hauses (☌ ♄, □ ♂), sowie des Cosignifikators
☽, der wohl im ⊻ mit ♀, aber □ ♃ und □ ⚷ steht.

Der ⊕ in ☌ mit ♃ und ✶ ♀ dem Generalsignifikator,
aber ☍ ⚷ deutet ebenfalls auf Erfolg, aber mit Einschränkung.

Die Frage ist entschieden zu bejahen, doch wird der
Fragesteller sein Ziel nur mit grosser Anstrengung und
nur nach Ueberwältigung vieler Hindernisse und vielen
Mühen erreichen. Das besagt auch die Gestirnstunde ♂
und das Akashtattwa. Der Herr des 2. Hauses günstig
im 8. Hause, lässt auch auf eine Erbschaft schliessen.

5. Frage.

Einen Hausankauf betreffend.

Diese Frage wurde schriftlich an einen Astrologen
in Leipzig gestellt.

Die Oeffnung des Briefes erfolgte am 24. Juni 1908,
abends 7 Uhr 10 Minuten, welche Zeit der Leipziger Ortszeit mit 7 Uhr entspricht.

Das auf die geographische Breite von Leipzig für
diese Zeit errichtete Horoskop gestattet, weil die Frage
schriftlich geschah, der Unmöglichkeit der Kontrolle halber
keine astrologischen Schlüsse über den Fragesteller, weshalb nur die Prognose bezüglich der Frage bearbeitet
wurde.

Das Horoskop stellt sich folgenderart dar:

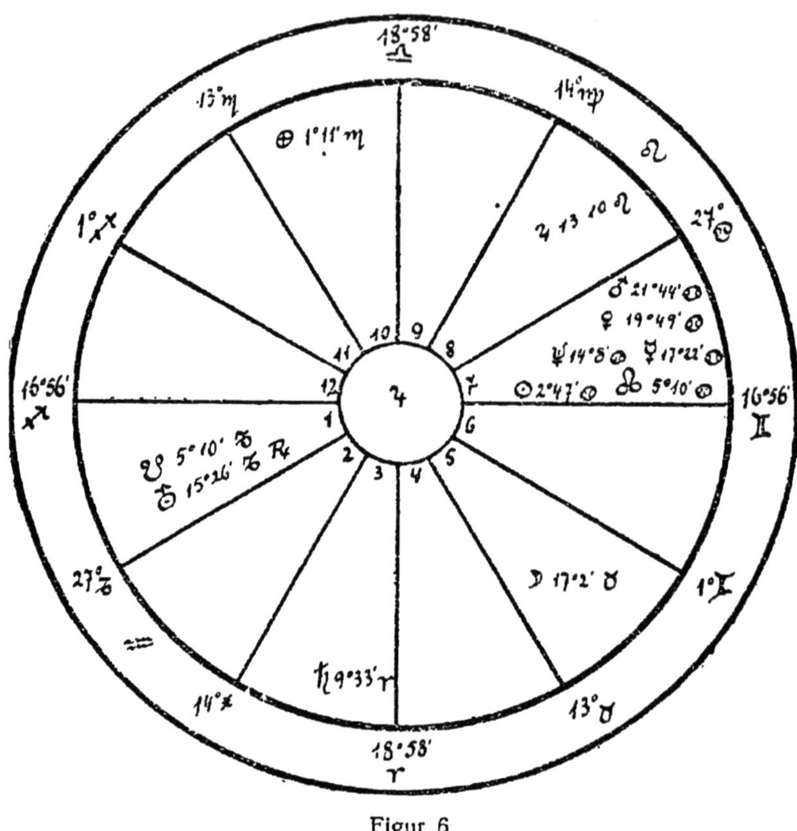

Figur 6

♀ und ☿ sind rückläufig.

Deklinationen:

⊙ =	23° 25′	♄ =	1° 38′
☽ =	13° 24′	♃ =	17° 38′
♅ =	21° 57′	♂ =	22° 51′
♂ =	22° 58′	♀ =	20° 38′
	☿ = 19° 50′		

Der Sonnenaufgang, umgerechnet auf M. E. Z. war am 24. Juni 1908 um 3 Uhr 55 Minuten und der Untergang um 8 Uhr 29 Minuten. Dieser Tag war ein Mittwoch. Zwischen ⊙-Aufgang und ⊙-Untergang sind 16 h 34 m. Diese durch 12 geteilt, gibt 1 h 22⅚ m für eine Gestirnstunde. Zur Zeit der Fragestellung regierte noch ♃.

Der ♃ als Herr des 1. Hauses im Zeichen ♐ ist der Generalsignifikator für den Käufer. Ferner gilt für ihn der ☽ und in ergänzender Weise der ☊, welcher sich noch im 1. Hause befindet.

Der Herr des 7. Hauses, der ☿, gilt für den Verkäufer, und in ergänzender Weise auch ☉ und ♀, welche sich auch im 7. Hause befinden.

Der Herr des 4. Hauses ist der sich ebenfalls im 7. Hause befindliche ♂, da das 4. Haus im Zeichen ♈ steht. Dessen Aussage gilt für das Kaufobjekt, das Haus.

Der Herr des 10. Hauses ist die gleichfalls im 7. Hause stehende ♀ (10. Haus im Zeichen ♎). Dessen Aussage gilt der Kaufsumme bezw. dem Wert des Kaufobjekts.

Der Astrologe riet von diesem Kauf ab und zwar mit folgender Begründung:

Der ♂ als Herr des 4. Hauses steht in keinem günstigen Aspekt mit den Signifikatoren des Käufers. Der Generalsignifikator ♃ steht in keiner Verbindung mit ☽, der Cosignifikator ☽ dagegen im □ ♂ und der Nebensignifikator ☊ in ☍ und geschlossenem ∕ mit ♂. Das Kaufobjekt befindet sich demnach nicht in dem für den Käufer wünschenswerten Zustand. Die ☍ und der ∕ des rückläufigen ☊ deuten darauf hin, dass die Mängel an dem Kaufobjekt plötzlich in überraschender Weise, und zwar erst nach geschlossenem Kaufvertrag (siehe ☊ plaktisches □ mit ♄) auftreten würden. Die ☌ des ♂ mit ♀ und ☿ im 7. Hause, dem Hause des Verkäufers, lässt auf eine geschickte Vertuschung der Mängel des Kaufobjektes durch den Verkäufer schliessen. Da auch im 4. Hause sich kein günstiges Anzeichen für einen guten Kauf findet, so ist die Ablehnung gerechtfertigt.

Es würden sich auch bei einem eventuellen Abschluss des Kaufes grosse Unstimmigkeiten zwischen beiden Parteien ergeben, denn obwohl der ♃ im ∕ mit ☿, und der ☿ und der ☊ im ∕ mit der ☉ stehen und der ☽ im ✶ mit ☿, so ist doch auf die ☍ des ☊ mit ☿ zu achten, die eine grosse Warnung ausspricht.

Der Kaufpreis ist allerdings nicht unangemessen, denn im 10. Hause befindet sich das ⊕, und die ♀ als Herrin dieses Hauses steht in ☌ mit ♂, ☿ und ♀ und der ☽ im ✶ mit ♀. Der Kaufpreis wäre geeignet, den Käufer zum Erwerb des Hauses zu verlocken. Da aber der Generalsignifikator keine günstige Verbindung mit der ♀ als Herrin des 10. Hauses hat, die günstigen Verbindungen dieses Planeten vielmehr mit dem Signifikator des Verkäufers bestehen und der Nebensignifikator des Käufers, der ☊ sich mit dem Herrn des 10. Hauses in ☍ befindet, ist darauf zu schliessen, dass der Verkäufer das bessere Geschäft machen würde, umsomehr, als sein Signifikator ♀ stärker ist. Er befindet sich im Eckhause und in ☌ ♀ und ∥ ♀. Die Signifikatoren (♃ und ☽) des Käufers dagegen stehen in nachfolgenden Häusern und haben (ausser ☽ ⚹ ♀) keine Verbindung mit Glückskörpern.

Auch der Vertragsabschluss würde Unstimmigkeiten bereiten, da ♄ im 3. Hause im Zeichen ♈ steht, von welchem der ♂ der Herr ist.

Der Herr der Zeit der Fragestellung, der ♃ zeigt, dass es sich um ein feststehendes Besitztum handelt. Dieser Planet ist aber auch das Zeichen der Gerechtigkeit und der prinzipielle Gegner aller Uebervorteilung. Zur Zeit der Fragestellung war das Tejastattwa im Lauf. Es weist auf Streit, Zwiespalt und Uebervorteilung.

6. Frage.

Wegen einem beabsichtigten Eheschluss.

Am 12. Mai 1906, nachmittags um 5 Uhr 4 Minuten, wurde ein Astrologe in Wien von einer jungen Dame in dieser Angelegenheit konsultiert. Sie beabsichtigte zu heiraten und wollte wissen, ob ihr die eheliche Verbindung mit einem bestimmten Herrn Glück bringen würde. Andernfalls wäre sie bereit, lieber von der geplanten Heirat abzustehen.

Die Wiener Ortszeit für diese Fragestellung war 5 Uhr 9 Min. 31 Sek. Das hierauf und auf den Horizont von Wien berechnete Horoskop ist in Figur 7 für den Schüler dargestellt.

Der 12. Mai 1906 war ein Sonnabend. Die ☉ ging an diesem Tage in M, E. Z. um 4 Uhr 23 Min. auf und um 7 Uhr 20 Min. unter. (Ortszeit 4 Uhr 28 Min. und 7 Uhr 25 Min.). Die Länge einer Gestirnstunde war 1 Stunde 14⅜ Minuten. Zur Zeit der Fragestellung regierte also die ☉.

Für die Fragerin gelten als Signifikator der Herr des 1. Hauses, hier die ♀, weil das 1. Haus im Zeichen ♏ steht und als Cosignifikator (siehe Abschnitt: Elektionen, 7. Haus) die ☉.

Die ♀ steht im 8. Hause im Zeichen ♊. Man findet folgende Beschreibung:

„Grosse, schlanke Gestalt mit klarer Haut, braunen Augen und reichem, vollem Haar. Sehr angenehme Perrönlichkeit, die jedoch etwas wankelmütig ist, sonst aber zuvorkommend, ehrenhaft und liebenswürdig.“

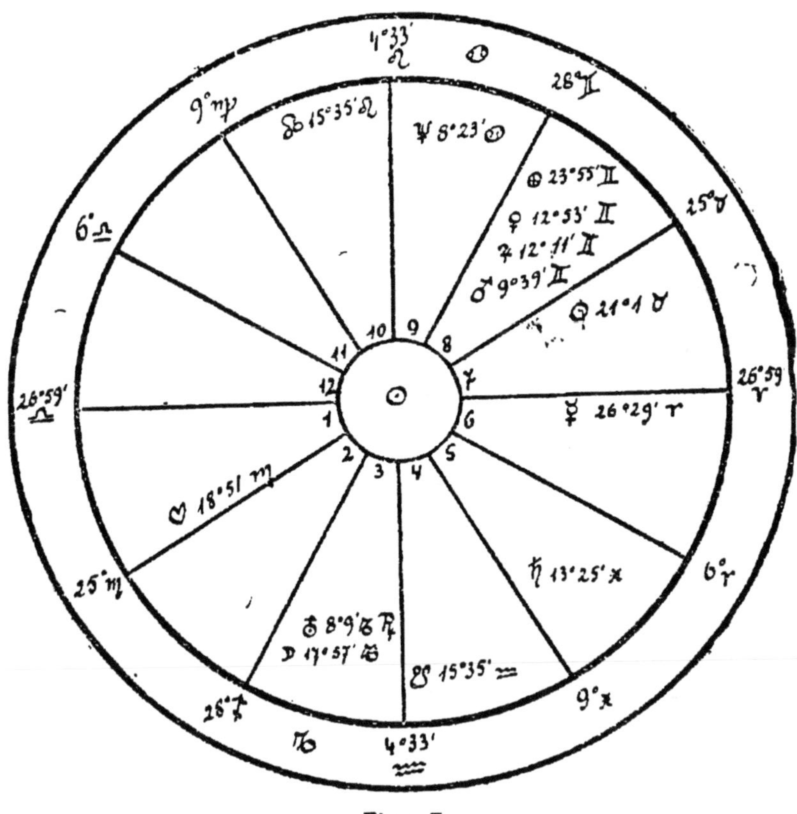

Figur 7

Deklinationen:

☉ = 18° 1′		♄ = 8° 6′
☽ = 19° 48′		♃ = 21° 49′
♅ = 22° 17′		♂ = 22° 3′
♆ = 23° 30′		♀ = 23° 6′
	☿ = 7° 28′	

Die ♀ steht in ♂ mit ♃ und ♂, □ ♄.

Die ♂ mit ♃ bringt tüchtige Wirksamkeit, Neigung zu Wissenschaften und Künsten und Glück in allen Angelegenheiten. Macht sehr leutselig. Die ♂ mit ♂ ist in diesem Falle als günstig aufzufassen, da die ♀ durch ihre enge ♂ mit ♃ die Stärkere ist. Diese Konstellation bringt Raschheit und Indiskretionen, ist aber glücklich für alle

Unternehmungen. Dagegen wirkt das □ des ♄ ungünstig. Es deutet auf List, Schlauheit, schlechtes Auftreten und auf Unglück in Unternehmungen.

Wenn wir auch noch die Aussagen beachten, die von der ☉ als Cosignifikator gegeben werden, so finden wir:

☉ in ♉: „Kürzere, untersetzte Personen, dunkle Hautfarbe und dunkles Haar, grosse Nase, gutes Aussehen und hübsch geschnittenes Gesicht. Starke Willenskraft. Sehr zuversichtlich, beharrlich und ausdauernd, aber hartnäckig und eigensinnig.

☉ in △ ☽: „Günstiger Aspekt. Erfolg, Anteilnahme. Hilfe durch das Volk oder durch Frauen. Auch Ehe."

Diese Aussagen korrigierend und zusammenfassend haben wir es hier mit einer mittelgrossen, angenehmen, netten Persönlichkeit mit weichem, vollem und dunklem Haar und einem hübschen, dunkelgefärbten Gesicht zu tun. Der Charakter ist der einer Venusperson in besserer Entwicklung.

So stellte sich auch die Fragerin dar.

Für den zu ehelichenden Teil gelten als Signifikatoren der Herr des 7. Hauses und der ♂. Das 7. Haus steht im Zeichen ♈ und ist der ♂ der Herr, infolgedessen hat in diesem Falle der Ehepartner keinen Cosignifikator.

Der ♂ steht im 8. Hause im Zeichen ♊ und befindet sich in ☌ mit ♃ und ♀, □ ♄.

♂ im Zeichen ♊ gibt eine grosse, starke Gestalt, robusten Körperbau, dunkle Farbe. Mit gutem Verstand begabt, sehr ruhelos, gewandt und geschickt, hochgeistig und Neigung zu scharfem, kaustischem Witz. ♂ in ☌ ♀ deutet auf gute Sitten und Manieren, Harmonie mit Geschäftspartnern und der Geliebten. ♂ in ☌ ♃ bringt Freigebigkeit, Energie und Ehrgeiz. ♂ in dem ungünstigen □ mit ♄ weist auf schwere Misserfolge und Schädigungen, üble Absichten und ein gewaltsames Ende.

Die Fragerin bestätigte die Aussagen über die Person und den Charakter ihres Bräutigams.

Die Verbindungen zwischen den Signifikatoren sind günstig. ♀ steht in ☌ mit ♂. Das spricht für den Eheschluss.

Die beiden Himmelslichter ☉ und ☽ stehen zueinander im Applikations-△-Aspekt. Das ist günsfig für die Ehe. Die ☉ und ☽ haben mit ♃, ♀ oder ♂ allerdings keine Aspekte, das lässt auf vorhandene Hindernisse schliessen. Diese Hindernisse dürften von Verwandten der Braut ausgehen, da der ☽ im 3. Hause steht und in ☌ und ⚹ mit ♅.

Diese Ehe findet jedenfalls statt, weil der Herr des 1. Hauses mit dem 7. Hause in ♂ steht und diese Stellung durch keinen bösen Planeten getroffen wird und weil weder im 1. noch im 7. Hause ein böser Planet steht und schliesslich, weil der Cosignifikator ☉ sich im 7. Hause befindet.

Die Eheschliessung wird aber Verzögerungen erleiden durch das ☐ des ♄ auf die ♀. Die verzögernden Unstimmigkeiten zeigen sich auch durch die ☌ der ☉ auf den Punkt für Liebe und Ehe und dürfte dadurch sogar eine leichte Verstimmung zwischen den Brautleuten entstehen, die aber infolge des Applikations-⚹ des ☽ und plaktischen △ des ♄ wieder gelöst werden wird. Da der Herr des Punktes für Glück der ♂ ist und dieser das 2. Haus beherrscht, so dürften auch Geldangelegenheiten bei dieser Verzögerung mit bestimmend sein. ☉ und ☽ stehen im ∥. Auch das ist ein günstiges Zeichen für den Eheschluss. ♀, ♂ und ♃ haben ∥, die ☉ bestrahlt das ⊕ aus Halbsextil. An diesen günstigen Ehekonstellationen kann der ∥ ☊ nichts ändern, nur verzögernd wirken.

In Betreff der Liebe, die beide Brautleute verbindet, kann gesagt werden, dass die Braut in dieser Beziehung veränderlich sein wird. Die ♀ ist in Separation vom ♂ begriffen und die ☉ bestrahlt den Punkt für Liebe und Ehe aus der ☌. Der ♃ führt zwischen ♀ und ♂ eine Translation (Ueberbringung des Lichts) herbei. Der Eheschluss wird also durch Vermittlung einer befreundeten Person zustande kommen. — Die Ehe selbst wird viel Sonnenschein haben, da ♌ im 10. Hause steht, aber stete Differenzen mit Verwandten bringen (☊ im 3. Hause). Sie wird kein gutes Ende nehmen, da ☋ im 4. Hause steht, und kinderlos sein oder frühen Verlust der Kinder haben, da ♄ im 5. Hause steht. Da beide Signifikatoren im 8. Hause stehen, wird die Ehe auch nicht von allzu langer Dauer sein. ♄ wirft auf den ♂ im 8. Hause ein ☐, ein Zeichen der Trennung oder des frühen Todes des Ehegatten. Die letztere Annahme ist die wahrscheinlichere.

Dass der Eheschluss stattfindet, zeigt auch die ☉ als Herrin der Gestirnstunde, die sich im Horoskop in einem Eckhause (7. Haus) befindet, also dem in dieser Frage speziell ausschlaggebenden Hause. Die Herrin der Gestirnstunde ist auch durch das Applikations-△ des ☽ günstig aspektiert.

Das zur Zeit der Fragestellung im Lauf gewesene Vayutattwa aber spricht ebenfalls für ein ungünstiges Ende dieser Ehe und weist auf Hindernisse und Böswilligkeiten anverwandter Personen. Der ungünstfge Ausgang der Ehe ist auch durch ☋ im 4. Hause gegeben.

7. F r a g e.

U e b e r d a s S c h i c k s a l e i n e s E r k r a n k t e n.

Am 20. April 1914 erkrankte ein Herr in Nürnberg.
Er legte sich abends 9 Uhr 12 Min. fiebernd zu Bett. Das
für die Ortszeit Nürnberg (8 Uhr 56 Min.) und für die
geographische Postion von Nürnberg unter Benützung der
Tabellen errichtete Horoskop sieht folgenderart aus:

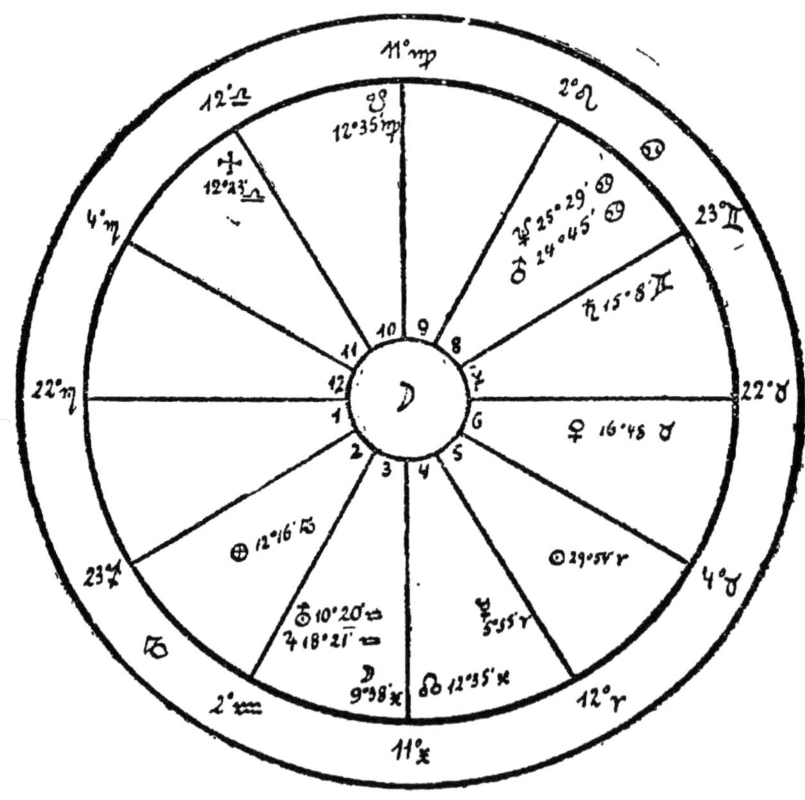

Figur 8

Deklinationen:

$\odot$ 11° 26′ +	☊ 18° —	σ 23° 16′ +
$\mathcal{D}$ 8° 19′ —	$\hbar$ 21° 22′ +	φ 16° 44′ +
Ψ 20° 39′ +	$\uparrow$ 15° 54′ —	$\breve{\varphi}$ 0° 18′ —

Die Gestirnstunde für diese Frage ist vom $\mathcal{D}$ be⌐
herrscht und war das Apastattwa im Lauf.

Der Herr des 1. Hauses, der ♂ als Signifikator für den Erkrankten, steht im 8. Hause und ist schlecht bestrahlt, er erhält ♂♆, □ ☉, ⚷ ☽. Auch der den Erkrankten bedeutende Cosignifikator ☽ hat schlechte Bestrahlung durch ⚷ ♆ und ⚷ ♂. Es stehen sich also beide im ⚷ gegenüber. Damit ist die schwere Erkrankung gekennzeichnet.

Die Spitze des 6. Hauses befindet sich in einem fixen Zeichen (♉), was auf eine lange Dauer und schwere Heilbarkeit der Krankheit schliessen lässt. Die ♀ als Herrin des 6. Hauses in demselben und kräftig, lässt auf Heilung schliessen, wenn sie auch □ ♃ und □ ♂ erhält; die Heilung wird nur sehr langsam vor sich gehen. Allerdings wird der Erkrankte sich in starker Todesgefahr befinden, da ♂ in ♂ mit ♆ im 8. Hause stehen.

Die ☉ in einem nachfolgenden und der ☽ in einem fallenden Hause, ferner der Dispositor des ☽, der ♂ in schlechten Aspekten deutet ebenfalls auf eine langwierige Krankheit, besonders weil der Herr des 1. Hauses mit dem Herrn des 9. Hauses, der ☉ im ⚷ steht. Die Spitze des 6. Hauses im Zeichen ♉ und der Herr des 1. Hauses, der ♂ im Zeichen ♋ deuten auf eine gefährliche Erkrankung des Halses und der Atmungsorgane, deren Natur nicht rechtzeitig erkannt wird, weil ♂ in ♂♆ steht. Es wird sich da letzten Endes auch um einen unglücklichen operativen Eingriff handeln.

Die gute Bestrahlung des Punktes für Krankheit und Tod im Venuszeichen ♎ und △ ♂, △ ♄, sowie des ⊕ durch △ ♀ verhindern ein böses Ende. Ebenso ist die Gestirnstunde ☽ nicht unbedingt beeinflussend für ein schlechtes Ende; Krankheiten, begonnen zur ☽ Stunde, sind nur sehr wechselvoll und haben einen unregelmässigen Verlauf. Auch das Apastattwa lässt auf eine schliessliche Heilung prognostizieren. Ebenso der Herr des 4. Hauses, der ♃, und der ☊ im 4. Hause.

Die ♀ im 6. Hause deutet gute Pflege und Wartung an. Der ☋ im 10. Hause, getroffen durch ☍ ☽, weist auf grosse Berufsschädigung durch die Krankheit.

Kritische Tage erster Ordnung werden jedesmal dann eintreten, wenn der ☽ in seinem täglichen Lauf über 24° und 25° ♋ geht. Er steht zu dieser Zeit im ⚷ zu seinem eigenen Platz, aber auch in ♂ mit ♆ und ♂ im 8. Hause. Zwischen dem 28. und 29. Mai 1914 wurde der Erkrankte operiert und befand sich tatsächlich zu jener Zeit der ☽ in der gefährlichen Stellung. Ebenso kritisch für den Lauf der Krankheit ist auch jener Tag, an welchem der ☽ über

9° bis 13′ ♍ geht, da er dann zu seinem eigenen Platz in ♂ und mit dem ☋ in ☌ steht.

Diese Feststellungen gehören jedoch schon in den Bereich des Dekumbiturhoroskops und sind nur dann vollständig, wenn sie in Beziehung zum Geburtshoroskop gebracht werden, was den Rahmen dieses Buches überschreiten würde. Bezüglich solcher Untersuchungen wird der Leser auf Band VI „Der praktische Astrologe" und Band VIII „Astrologie und Heilkunst" verwiesen.

Inhaltsverzeichnis.

Ein umfassendes Lehrbuch der Astrologie

ist die

Astrologische Kollektion

zum Selbststudium

von Karl Brandler-Pracht

Karl Brandler-Pracht, der erste Forscher auf dem Gebiete der modernen Astrologie in Deutschland, hat nach jahrzehntelangem Studium der antiken sowohl wie der modernen englischen Astrologie zum ersten Male in unserer Zeit ein deutsches Lehrbuch der Astrologie geschrieben, in welchem er den umfassenden Stoff jahrhunderte alter Ueberlieferungen in

übersichtlicher, umfassender Weise

zusammengestellt hat zu einem Lehrkursus, der ein leichtes Einarbeiten in diesen schwierigen Stoff ermöglicht, auch für den, dor unvorbereitet dieser alten

königlichen Wissenschaft

gegenübertritt, so daß mit Hilfe dieses populären Werkes es jedem ermöglicht ist, die notwendigen Kenntnisse auf diesem Gebiet vollständig sich zu eigen zu machen.

Stufenfolge der Bände:

Band I: Die astrologische Technik enthält die gründliche Anleitung zur Berechnung und Aufstellung eines Horoskops, sowohl auf Grund leichtgebräuchlicher mitgegebener Tabellen, als auch mit Hilfe der sphärischen Trigonometrie. br. Mk. 3.—, gbd. Mk. 4.50

Band II: Die astrologische Prognose lehrt die Ausdeutung des Horoskops nach den Tierkreiszeichen, Planeten, Fixsternen u. Häusern. br. Mk. 3.—, gbd. Mk. 4.50

Band III: Die Hilfshoroskope macht mit der Aufstellung und Ausdeutung d. Horoskope für die einzelnen Jahre, Monate usw. bekannt und enthält die Regeln zur Feststellung der genauen Geburtszeit. br. Mk. 1 —, geb. 2.50

Band IV: Die astrologischen Direktionen lehrt die Zeitpunkte des Eintreffens der im Horoskop angezeigten Ereignisse zu berechnen. br. Mk. 1.50, gbd. Mk. 3.—

Band V: Die Stundenastrologie vermittelt die Technik der Fragehoroskope in bezug auf den Ausgang irgendeines Vorhabens. br. Mk. 1.50, gbd, Mk. 3.—

Band VI: Der praktische Astrologe enthält eine Reihe von Beispielhoroskopen mit Ausdeutung von geschichtlich bedeutenden Männern der Vergangenheit und Gegenwart, sowie Beispielprognosen und viele, der Erleichterung der Berechnungen dienenden Tabellen. Das Studium dieses Werkes wird besonders noch dadurch erleichtert, daß jedem Bande die für die darin gelehrten speziellen Berechnungen notwendigen Tabellen an den entsprechenden Stellen gleich beigedruckt sind. br. Mk. 3.—, gbd. Mk. 4.50

Druck von Gießmann & Bartsch G.m.b.H., Berlin-Pankow.